自由、
ということ。
行動が制限され、1つの場所に居る今。
揺らいでいることはむしろ貴重。
何かが動くき[illegible]。
何かが変わる[illegible]。
だから、揺らぎ[illegible]ーは、
常に鋭敏でいたい[illegible]
決して、その機を逃してはならない。

小鹿 涼

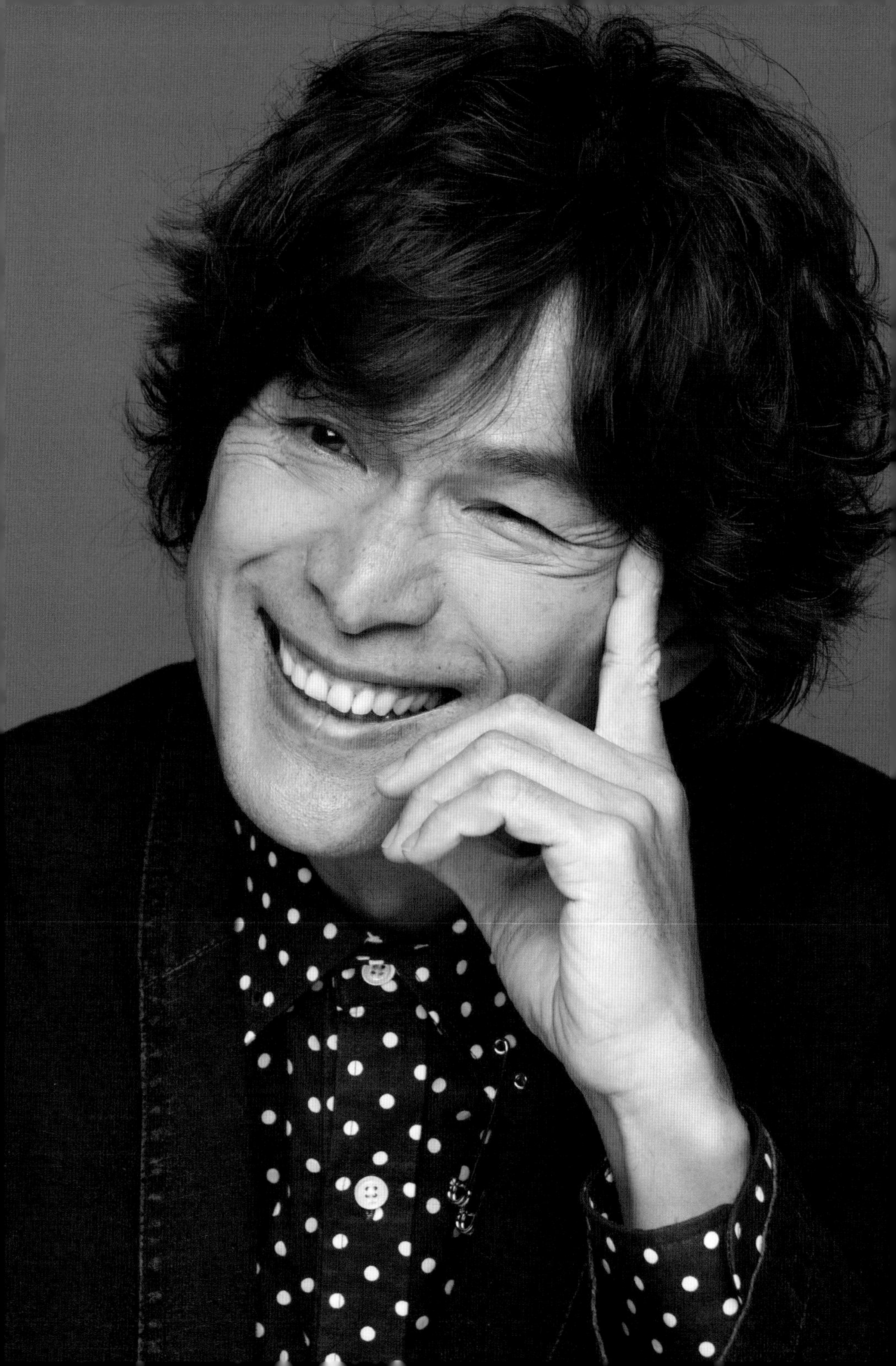

EL
TSU

HO
NEM

江口洋介

撮影　菊池 修　スタイリング　大久保篤志
ヘア&メイクアップ　勇見勝彦（THYMON Inc.）　文　堂前 茜
（005～009page）ジャケット（38,000yen）、パンツ（24,000yen）／共に、The Stylist Japan（ザ・スタイリストジャパン　tel.03-3478-0144）
ピンホールシャツ（20,000yen）／NEEDLES（NEPENTHES　tel.03-3400-7227）（010-013page）レザープルオーバージャケット（480,000yen）、
パンツ（88,000yen）／共に、visvim（tel.03-5468-5424）　※すべて税別

俺は子どもの頃に、「絶対そっちじゃない」と思ったんだよね。何事も経済寄りなんだけど、表現はそっちにいってはいけない、ということはずっと意識している

唯一無二の道を進んできた江口洋介。あまりにも気前良く軽やかに、様々な映画やドラマにコンスタントに出演しているので、つまり我々は最前線で活躍し続ける彼しか観たことがないので、なかなかに分かりにくいのだが、これまで出演した作品を並べただけでも、「こんな俳優は他にはいない」と断言できる（一度ぜひ調べてほしい）。だが――本人は過去には興味がないようで、〝今〟をひたすら磨き、何かを常に探し求めている。もっとやるべきことがあるのではないか、新しい表現はないか？　こんなにも、不純な気持ちなく、映画や音楽という生涯をかけて自分が好きなものにパワーを注ぎ続けることができる人がいるなんて。映画『るろうに剣心　最終章　The Final／The Beginning』が公開されるということで、斎藤一という役に最後に臨んだ江口に話を訊いた。

「お前がいる限り、俺は絶対にここにいなくちゃいけない」という想いで常にいました

――『るろうに剣心』シリーズは、監督はじめキャスト、スタッフ、すべてのみなさんが「限界値を超える」作品を作ろうという強い意思を持って作られてきました。江口さんは最終章にどんな想いで臨まれましたか？

江口 これまでずっとやってきましたが、衣裳もちょっとずつシェイプや色が変わったりと、微妙な変化、ヴァージョンアップを、回を重ねるごとに付けてくれていたので、現場に行って衣裳を着ると、自然と自分も出来上がるんです。そういったスタッフの細かな導きに身体を預けてやりました。ただ、撮影時間が今回はとにかく長かった（笑）。半年以上は撮っていたのかな。だから緊張感を維持するのがとにかく大変でした。

――斎藤が登場すると、緊張が走るというか、スクリーンからも圧がすごいですからね。

江口 少なくとも撮影中は圧のようなものをキープしていないといけないから、しんどいですよね。しかも『～The Beginning』はドラマ的なので。これまでやってきた斎藤の血生臭さ、アクティヴな部分というのは――調べると斎藤 一は新選組の中でも狂気的な人間だったみたいなんだけど――生きる執念の強さでもありますが、暗殺者、人殺し的なニュアンスを持っている男なので、新選組時代の彼を表現できる『～The Beginning』は撮影前から楽しみではありました。今まではやっぱりエンターテインメントという枠組みありきで作ってきましたが、ちょっと違うんですよね。髪型もロングヘアで、衣裳も着物と、全然違ったりもしますし。

――『～The Final』は、恒例の斎藤 一スタートで。

江口 そうなんですよね。上手く使ってくれて。

――『～京都大火編』もオープニングがすごかったですよね。

江口　本当に火を焚いてやったんですよね。まぁ怖かったですよ。「爆発するんじゃないか？」って（笑）。採石場みたいな洞窟で撮影したんだけど、真冬だったので、とてつもなく寒くて、でも現場はものすごく熱くて。「焼き殺されるんじゃないかな？」と思ったりしました（笑）。ＣＧだけではなくほぼリアルにやっているのは、ある程度の大きな予算がある映画の醍醐味で。その期待に応えなきゃという気持ちはやはりありました。

――江口さんのキャリアを持ってしても、という言い方は変ですが、気負いなどもあるんですか？

江口　そういうのはないです。役に入っている、完全に魂に火が付いているから。

――もうそういう次元にはいないと。

江口　そうだねぇ、もうそういう次元ではないかな。殺陣があったから、３か月くらい前からしっかりトレーニングをした準備期間もあったし。最初に言ったように、本番の舞台にあがるまでにスタッフに完全に導いてもらっているので、緊張感をキープしていないといけない辛さはあるけど、それは作品のためだから。役者の性みたいなもので、忍耐力は付いていますからね。

――今回も斎藤の後ろ姿を観た時、スラッとしていて綺麗だなぁ、と。この体型のキープも必須ですもんね。

江口　やっぱり原作ファンの期待度を超えなくちゃならないんですよね。不思議なもので、やればやるほど、似せなくちゃいけない、と思うようになるんです。これまでやってきた中で、原作やアニメの認知度がどれだけすごいか体感したし、スタッフだって、『るろう〜』のファンの子たちばかりだからね。最初は、「映画とアニメ、漫画は違うんだよな」と思いながら入っていったんだけど、回数を重ねるごとに、「いやいや、これはやっぱり」と思った。コイツに肉体をどう入れていくか？がどれだけ大事か分かった。だから斎藤をやる時は、ちょっと頬をこけさせたりしてね。そうやって立ち向かわないと駄目な作品なんです。

――先程、スタジオの近辺でロケ撮影をさせてもらった時、「外は気持ち良いねー」と言われた時の江口さんの表情がすごく素敵で。身体的な感性というか敏感さ、そういうものって役者にとって大事ですよね。

江口　そう、俺たちみたいな映像の俳優はそこを求められるよね。舞台は、ステージと照明があって、その中で毎回同じことをキープする形だけど、映像はその日の天候が雨なのか風が吹いているのかにも左右されるし、それこそ今回のようにボロボロの日本家屋に火が付いている状況で撮影をしないといけなかったりもする（笑）。本物の火で、煙の中から俺が出てくるから、もうヤバいよね（笑）。日本映画のスケールではない。少なくとも俺が出演してきた映画の製作費の中でもダントツでしょうね。そういう作品に携われていることは喜びです。

――しかしこれでファイナルです。淋しい気持ちはありますか？

江口　いや、もう、やった感の方が強いかな。

――改めて、斎藤 一の魅力はどういうところにあると思われますか？

江口　剣心に対してのある種の友情のような……2人で時代と戦ってきたわけで。敵ではなくライバル。だからこそ、「お前がいる限り、俺は絶対にここにいなくちゃいけない」という想いで常にいました。あと大事にしていたのは、刀をどう綺麗に見せるか？ですよね。日本刀の魅力。アメリカの俳優が拳銃をバシッとキメるように、日本人としては刀をカッコ良くキメないと。持ち方も色々と考えたけど、アクションでどう見せるか？が大事で。（斎藤の）内面の表現に重きを置くのではなく、スタイルで最後まで引っぱっていきました。

いろんなことが変わってきているけど、やっていることは何にも変わってないからね。俺、30年以上やっているけど、そこだけははっきり言えるよ

―― 江口さんは時代と共にいろんな役をやられてきましたが、斎藤のようにアウトローな役柄というのが近年本当にハマっている気がしていて。求められているもの、求めているものに、変化はありますか？

江口 オファーがあっていろんな役をやらせてもらってきたのもあるし、自分が選んできたのもあるし。正当な二枚目だけをやっていてもね、ある種の限界があるから、たまに悪党を演じることで幅が生まれるんです。意外と真面目な人、良い人の役の方が、幅が少ないんだよね。あと、やっぱり悪役は面白い。いろんな悪の表現があるし、ハリウッドの映画なんかを観ていても、そういう役がある作品ばかり観てしまう。というか、やっぱり『ブラック・レイン』だったり、今まで自分が観てきたものが、身体の中に入っているんだよね。最近はそういう役をやれる回数が増えてきたけど。それまでは俺自身がフィットしていなかったのかもしれない。感覚としてはまだまだやれていない感じ。今ようやく入り口が見えてきたところです。

―― 以前江口さんが「カードを出し続けないといけない」、気前良く仕事をし続けたいと語られていました。

江口 そんなこと言った？（笑）。

―― はい（笑）。今もそのお気持ちですか？

江口 今、コロナがありながらも、こうやって演じられているだけで、本当に幸せだなと思ってやっています。ただ、1人の時間では、映画を観たり、それこそ〈Ｎｅｔｆｉｘ〉を観たりしながらも、常に何かを探しているんだよね。やるべきことを探している。もちろん好きで楽しく観ているんだけど、「コイツの芝居は何なんだ？」と嫉妬したり、

「俺にはできないな」と思ったり、「これはいただきだ」とアイデアをもらうこともある。

——嫉妬を感じられることもあるんですね。

江口 嫉妬というか、「これは俺にはないものだな」という感じ。刺激に変わってきているかな。で、それをすぐ試せる仕事があると、やってみたりしてね。その辺は本当に感謝しています。今動けているだけでも有り難いんですけど。

——江口さんを取り巻く環境も変わってきました。それこそストリーミング・サーヴィスが全盛ですよね。

江口 少し前なら〈ＷＯＷＯＷ〉が地上波ではなかなか放送できない社会派のドラマをたくさん制作していて、俺も結構出させてもらってきました。そこに、〈Ｎｅｔｆｉｘ〉や〈Ｈｕｌｕ〉のようなＣＭが入ってこない世界があって、かつ、〈ＹｏｕＴｕｂｅ〉が台頭してきて。みんな映像を観る目が肥えているよね。でもだからこそ、俳優としてはよりちゃんとした良いものを見せなくちゃなって思う。いろんなことが変わってきているけど、やってることは何にも変わってないからね。俺、30年以上やっているけど、そこだけははっきり言えるよ。もちろん、カメラや照明などの機材のクオリティは上がっていると思うし、従来の日本映画が持っていたテンポや歴史みたいなものも変わりつつある。でね、やっぱり今のものじゃなくちゃダメ。今の感覚と、今の時代、今の人たちに観てもらうんだ、ということが大事で、それを常に意識している。昔からそうだね。「本当はこれがやりたいんだ」、「これだけやれれば良いんだ」と思って生きることも大事だけど、「今、この世の中に生きている人が観るんだ」ということを第一条件に意識していると、色々と見えてきます。まぁなんだかんだ言っても、俳優は面白いからね、やりたいと思ったらやるだけなんだけど（笑）。今は場も広がっているし、スター制度があった時代とはまた違う。俺たちがどこに出ていっても良いからこそ、どういう仕事を選ぶのか?というのがものすごく大事になっているし、そこにはセンスも必要かもしれない。だって今、目の前に、これとこれ、２つの仕事があるとなったら、「どっちを取るのが良いのか？」と考えますからね。

――以前もお伝えしましたが、江口さんのキャリアは本当に希有だと思います。

江口　そうですか？　でもそこはスタッフの力もあるしね。（表に）出ていくのが俺なだけで。自分としてはやってきたことにそんなに拘っていないんです。その時々ですべてを懸けてやっているけども。端からは言われますよ？「あれもこれもやっていてすごい」って。だけど俺にとってはまだ全然足りない。少しオーヴァーな言い方をすると、入口にも立っていないなと思ったりする瞬間もあるんだよね。例えば悪役やそれに近しい表現となると、自分としてはあらゆる作品を観てきたから、まだまだと思うし、と同時に、今の日本でどこまでのものが作れるのか？と限界を感じることもある。世の中的にもね、そんなにヘヴィーなものを今見せて良いのか？ということも考えるし。でもね、映画にバイオレンスは必要だと思う。エロスも必要だし、もっといろんなものを見せていきたいし、残していきたい。学校では教えてもらえないことが映画にはあるから。どんどん社会は真面目な方に進んでいく。それは当然なんだけど、映画は作り物なわけだから、温かく見守ってもらいたいなと思いますよ。2時間楽しんでもらうために、俺たちは貪欲さを持って映画作りをしている。それは自分たちが映画を観て、すごくパワーをもらってきたからなんですよね。だから『るろう～』がどこまでいくか分からないけど、大ヒットしてもらいたいなと思います

――貪欲さを持ち続けることのすごさを感じますが、気持ちが途切れることはないんですか？

江口　やっぱり日々いろんな映画や俳優を観るからね。「なんでこんなことができるんだ？」と思うし。

――先程、撮影の合間に、スタッフの方とアダム・ドライヴァーの話をされていましたよね？

江口　うん。彼なんかもさ、「何なんだよそのヌルッとしたカリフォルニア感はさ？」って（笑）。なんか（彼の作品は）観ちゃうんだよね。上手いとか下手とか、そういう話ではなくて、「なんでコイツをずっと観ちゃうんだろう？」、そ

ういうことに興味があるわけ。そうなってくると、芝居が上手いどうこうの話ではなくて——もちろん上手いんだけど。絶妙なんですよね。下手にも見えるから不思議。だけど俳優ってそういうことのような気がする。もちろん斎藤のように、ずっとパーフェクトでシャープに見せないといけない役もあるから、役次第なんだけど、その人のオリジナルなものっていうのがやっぱり大事なんだと思う。

「あれ？　俺が昔描いていた俳優じゃねぇな」と自分で思うこともあった。そういう時は、台詞を覚えるのをパッと止めて、昔の好きな映画をいっぱい観るんだよね

——最近ではどういう作品が気になりましたか？

江口　彼が出ているものだと、スパイク・リー監督の『ブラック・クランズマン』を観て、最初気になったんだよね。あとはこの間、『テリー・ギリアムのドン・キホーテ』も観たし。どの作品を観ても違うし、金太郎飴じゃないんだよ。あとはやっぱり、日本のヤクザ映画、ハードボイルド作品。「なんじゃいおらぁ」みたいな（笑）。多分、日本が銃社会じゃないからだと思うんですよね、そういう表現があるのは。脅し、ハッタリ、それも魅力だよね。マフィア映画だとバンッって撃たれたらもう終わり。あと、海外のそういう作品は、ヌケヌケと人を殺すよね。そういう文化の違いも楽しみながら観ています。

——ヤクザ系、バイオレンス系の映画がお好きなんですね。

江口　好きだね。好きっていうか、映画にはやっぱりなくちゃいけないものじゃない？

——バイオレンス系で一番好きな映画ってなんですか？

江口　いやぁ難しいね。日本映画だったらもちろん極道系は全部観ているけど、それこそインパクトがすごくあったのは『ブラック・レイン』ですよね。あの作品を観た時は、自分も芝居を始めるか、始めないかくらいのタイミングだったんだけど……当時はみんな指を落とす芝居とか死に方の芝居を必死で考えていたんだよね。俺なんかもそうやってきた。で、刑事モノをやった時、「どうやって死ぬか？」をとにかく考えるわけ。もう必死に考える。「誰もやったことのない死に方ってどういうものがあるんだろう？」って。あと、誰もやっていないタバコの吸い方とか、そんなことばっかり考えたり、観たりしていて。ただ、そういうことばかりを追いかけていても仕方ない。「どこかでサラリーマンの役もできるようにならなきゃいけないよな」と考えるようになって。そういう自分の中での葛藤が若い頃はたくさんあったけど、40代くらいから尖った役もくるようになって。とは言え、アウトローの役なんて少なかった。きた役を受けて立つしかない、と思ってやってきた。だから「あれ？　俺が昔描いていた俳優じゃねぇな」と自分で思うこともあった。そういう時は、台詞を覚えるのをパッと止めて、昔の好きな映画をいっぱい観るんだよね。「よくこんなに綺麗にバチッと台詞を言い切るなぁ」、「よくこんなことできるなぁ」と思いながら、延々と観て、「あー、自分はまだまだだな」と思ってまた台詞に取りかかる。そうしながらもやっていると、やりたかったような役をもらえるようになったりして。

――刑事役って意外にそんなにないですよね。近年では『ストロベリーナイト・サーガ』とか。

江口　あと『脳男』とかね。でもやり足りない。もっとこう、ヌケヌケとしたオヤジの刑事役だとか、全部白髪にした役もやってみたいし。猟奇殺人を扱った作品は日本では問題になるだろうけど、未だに『セブン』とかすごい映画だと思うしね。そういう作品への憧れはやっぱり強いですよ。

――『るろう～』の取材で言うことでもないですけども、活躍される場はたくさんあると思います！

江口　うん（笑）。どこに行ってもやることは一緒だからね。映画でも〈Ｎｅｔｆｌｉｘ〉でも〈ＷＯＷＯＷ〉でも、「よーいスタート」でやっているから。発表の場が違うだけ、と思っていつもやっています。だから多分そういう場にもこれから行くでしょうね、きっと。

今ではそういうＣＭも有り難くやらせてもらいつつ、アウトローな役もやれているという状況は……狙ってやってきたわけではないけど、自分としては、「やっとここまで来たか」と思うところもある

――これまでとはまた違った役、というと、4月クールの〈日本テレビ〉系ドラマ『ネメシス』がありますね。

江口　そうそう。探偵の役なんだけど、『サイタマノラッパー』の入江（悠）監督が撮るのもあって。撮影に入る前、入江監督とラップの話になって、「俺もRun-D.M.C.だとか、〈Def Jam Recordings〉のものとか聴いていましたよ」と言ったら、「やっぱ江口さんって音楽感じますね！」みたいに乗ってくれて。探偵の役だから、俺は「松田優作をオマージュするところがあっても良いんじゃないですか？」と言ったんだけど、「（舞台が）横浜なので、ラップの感じも良いですよね」と（笑）。で、現場を見に行ったらすっげーデカいアメ車があって、「これが探偵事務所の車です」。「あっ、こういう感じで行くんだ……」と思った（笑）。ただ、テレビでは収まりきれない世界のドラマになると思います。Run-D.M.C.の雰囲気を衣装で出したりもしていて。櫻井（翔）君と広瀬すずちゃんのいる探偵事務所の社長なんだけど、一見、わちゃわちゃした探偵もの、ドタバタなコメディにも見えるんだけど、『ネメシス』というタイトルにあるように、実は深いテーマがあって、どこに話が向かっていくのか、読めないところがあります。というかそのサブ・ストーリーが面白くてね、そこに向かうならやりたいな、と思って引き受けさせてもらいました。

――音楽のお話も少し伺いたいのですが、ライヴは今、気軽にはできない状態になってしまいました。

江口　はい。でも、休みの日はずっとギターを弾いています。頭が空っぽになるし。で、気が向いたらちょっとフレーズをとったりもします。今はライヴができなくなっちゃっていますけど、やる時は新曲2曲くらいはやるようにしたいので、また曲も作れたらなと思います。あとはRun-D.M.C.もそうだけど、ED Kingだったり、ラップも聴いていますよ。やっぱりちゃんと人が見える音楽が良いですね。聴いているとその人が見えてくるものが好きで。どこかでブルースがベースになってないと、ちょっと（自分には）こないかな。入江監督は音楽のセンスもすごくある人。そこは大事なところだと思います。

――映画における音楽って本当に大事ですよね。

江口　そう。もちろん本なんでしょうけど、やっぱりいろんな引き出しがないと。海外の監督は気持ち良い音を知っていますからね。

――パッと思い付く範囲でいいので、江口さんが音楽のセンス良いなぁと思う監督は誰ですか？

江口　うーん、スティーヴン・ソダーバーグとかすげーセンス良いなと思うし。良くないなと思うことの方が少ないかもしれない。音楽をそれだけ大事に考えているんですよね。スパイク・リーも良いし。なんかさ、その監督から聴こえてくる音ってあるんだよね。映画でその人の音が聴こえてくるっていう。

――クリント・イーストウッドとか。

江口　イーストウッドはちょっと物悲しいような、ね。イーストウッドも好きです。あの人の作品もずっと追っています。ちゃんと観ておかなきゃという気持ちにさせますよね。あの年齢でやっているのもすごいこと。

――江口さんがずっと精力的に挑み続けられているのはなぜだと思いますか？

江口　やっぱり、子どもの時から音楽と映画の中で生きてきたからね。

——映画と音楽が好きで、それを生業としているというシンプルな話ですか？

江口　そうですね、もちろんそこで教えてもらったことが今の俺を作っていると思うし。教育だとか道徳だとか、社会において学ぶことはたくさんあるけれど、映画や音楽にある愛だったりバイオレンスだったり。そういうもので救われてきた部分があるから。で、「この人は本物だ」と思った人にはずっと付いていったりして。子どもの頃からそれは変わらないんですよね。

——映画や音楽が好きだからその世界に携わりたいと思う。だけど映画監督は難しそうだ、俳優はハードルが高い。じゃあ映画会社に入ろうとか、映画雑誌に携わろうとなったりする。当然、いくら好きでも、その世界には入らない人、入れない人もいるわけで。そう考えると、自分が生涯をかけて好きなものを生業としていて、その世界で表に立つトップの職業をやられている、って改めてすごい話ですよね。

江口　（笑）いや、俺の場合は、それしかない、それしかできなかった、ということなんだけど。自分のすべてを懸けても、それしかない、それしかできないんですよね。かつ、スタッフや周りの人の協力があってだからね。あと、俺は大きい会社（事務所）にいた人間じゃないから、小回りが利くのもあります。大きい会社の俳優は大変だなと思うもん（笑）。みんなで会議して役を選んだりしてさ。俺は子どもの頃に、「絶対そっちじゃない」と思ったんだよね。もちろんお金は欲しいし、芸能という世界の成り立ちとか本質っていうものはある。だけど自分はそれとは別のところにいなくちゃいけないという気持ちがあって。何事も経済寄りなんだけど、表現はそっちにいってはいけない、ということはずっと意識している。もちろん、そればかり言ってられない仕事も結構あるんだけど（笑）。

——江口さんがすごいなと思うのは、とは言え、斎藤一という役や、『孤狼の血』のヤクザの役など、アウトローな役もたくさんやられているのに、ちゃんとビールのＣＭにも出られている、ということなんですよね。

江口　そうだね（笑）。でもね、本当にね、やっとだから。ようやく最近、上手くいくようになった（笑）。

――やっと、ですか？

江口　そうですよ。そういう意味では、恵まれていますよね。例えば自分のイメージを尖った方にばかり固めて進み続けていたら、やっぱり難しかっただろうし。尖っていたい気持ちも俺はあったけど、認められてからできることもあるから。売れてからつく自信の方がデカい。そうやって着々といろんな経験を積んできたんですよね。だから今ではそういうＣＭも有り難くやらせてもらいつつ、アウトローな役もやれているという状況は……狙ってやってきたわけではないけど、自分としては、「やっとここまで来たか」と思うところもある。俺は自分の嗅覚でやってきた部分があって。だから、いろんな監督と揉めてしまったことだって散々ある。だけど、「俺だけのためじゃないしな」と思って考え直すこともあるし、「今はまだ俺俺でも良いかな」と思う時もある（笑）。世の中、社会を見渡した時に、「じゃあ俺には何ができるのか？」と思うことだってある。そういうことを常に考えていますけど、（『ステッピンアウト！』の見本誌のカヴァーを見て）役所（広司）さんみたいな役者がいたらそれだけでもっとやっていきたいと思うし。役所さんすごいですよね。

――はい。今日のお話を聞いて、ますます、江口さんの今後が楽しみになりました。

江口　（笑）そうですね。もっと自分を磨きます。

『るろうに剣心　最終章　The Final』
4月23日より、
『るろうに剣心　最終章　The Beginning』
6月4日より全国公開
監督／大友啓史
原作／『るろうに剣心 - 明治剣客浪漫譚 -』和月伸宏〈集英社ジャンプ コミックス〉
出演／佐藤 健、武井 咲、新田真剣佑、青木崇高、蒼井 優、伊勢谷友介、土屋太鳳／三浦涼介、音尾琢真、鶴見辰吾、中原丈雄／北村一輝、有村架純、江口洋介、他

きたろう

役者の自意識は、芝居で見たくない感じがするの。だから自分は上手いと思っているけど、隠している（笑）

撮影　古川義高　文　岡田麻美

池田　暁監督の作品は、演者の感情をとことん抑制するという、ちょっと風変わりな演出スタイル。「俺はもっと表現したいって思うんだけど、徹底して抑えて演じた方が面白いんだよねぇ」と、きたろうは出演する映画『きまじめ楽隊のぼんやり戦争』について話した。本作は、日中のみ〝戦争〟をしている町が舞台。私たちが生きる世界の矛盾や風刺を込めた寓話で、所々に、シティボーイズのコントにも通じる不条理な笑いや、おかしみが潜んでいる。本を読んですぐに監督のやりたいことが分かり、参加したという。この不思議な作品に、不自然なのにフィットできる存在感と説得力をもたらすきたろうは、役者として化け物だ。社会の窓際の楽隊で指揮をする意固地な伊達を、滑稽で、でもどこか憎めない人物に表した。

本当に笑いが好きな人がやる「抑えた演技」っていうのはね、実は面白いんですよ

――きたろうさんは本作の台本を読まれてどのように感じ、演じようとしましたか？

きたろう 台本を読んで、これは面白い、俺のことを分かっているなと思ったよ（笑）。前回出演した池田監督の短編映画『化け物と女』でタッチはもう分かっていて、リアルじゃないけど本質的な部分をリアルに突いてくる、そういう微妙なところを狙っているんだよね。だから演技をする時にね、感情を表に出しちゃうと、このホンの面白さが活きてこない。現場で、俺はもっと表現したいって思うんだけど、抑えてやった方が、思いっきりやるより面白いんだ。それでいて、根底に笑いがあるでしょ。でも笑わそうと思って演技したら、もうまったく面白くなくなっちゃう。本当は笑わせたくてしょうがないんだけどね（笑）。前回よりは表現してやろうと思って、ちょっとはできたように思うし、ある程度は監督が許し始めてくれたかな。いや、まだ「それはやり過ぎです」と言われる時が多いけど（笑）。なぜこういう表現を求められるのか？は、台本を読んだ時に感覚的に分かったね。そうじゃなきゃ成立しないだろうなと。本当に笑いが好きな人がやる、抑えた演技っていうのはね、実は面白いんですよ。別役 実のホンなんかも、抑えて淡々とやるのが良いんだから。やっぱり、笑いが分かっている奴と分かっていない奴っていうのは、同じように演じても違うんですよね。

――きたろうさんにはすぐに台本の面白さが分かっても、他のキャストの方々は戸惑っていませんでしたか？

きたろう 本番前にまず稽古をやるんだけど、みんなの動きがロボットのようでね。最初はこれじゃ駄目だよと監督に言ったくらい、いや、かわいそうだったよ。特に若い人はもっと表現したいって思うじゃない。でも監督の抑える演出が面白いって分からないと駄目なんだよね。それはちょっとずつ分かってくるものだと思うよ。

――演じられた指揮者の伊達は、女性蔑視が強く、屈折しているけど、どこかおかしみのある人物で。『化け物と女』よりも少し感情的に表現されているのかなと感じました。

きたろう　そうそう、女にモテなくて毒を吐いていたでしょ、あれは感情が入っているよ（笑）。ギリギリ、感情を入れない方がいいかなと考えたり、難しいんだけど、監督と相談してちょっと悲しい気持ちを入れても良いという風になって。ここも戦いなんだね（笑）。それに、言葉のリズムは台本を読んだ時から笑っちゃったんです。もう、おかしくて。でも差別っていうのは、ああいう何気ない、意味のないところからどんどん膨らんで、始まっているのかもしれないね。監督がテーマにしたいことなんだと思う。それを明確に突きつけるんじゃなくて、言っている本人は何も考えていないし、唐突なんだから（笑）。あとさ、楽隊の楽屋の狭さ、びっくりしたでしょ？何も演奏できないだろうっていうね（笑）。あれだって絶対にギャグなんだけど、ギャグに思わせない、監督のストイックさがあるね。あり得ないことを、観ているうちにそんなもんだろうと思っちゃうんだから、すごいよ（笑）。

――池田監督はとても特徴的な映画を作られる方ですが、きたろうさんが思う監督の作品の魅力は？

きたろう　美男美女が出てこないのが魅力だよ。妖怪みたいな役者ばっかりなんだから、俺を含めて（笑）。いやそれはね、ある種のこだわりがあるんだと思う。映画っていうものを、スターの映画じゃなくて、もっと本質的なことで作りたいという想いがあるんじゃないかな。今回、（片桐）はいりさんが一緒だったんだけど、出演を決めたのは『化け物と女』を観て、「ああいう演技でも面白いことができるんだ、だったら私も出たい」という感じだったらしいよ。はいりさんも妖怪だからね、顔じゃないよあれは……顔かなぁ（笑）。でもね、根底に笑いがあることを、分かる人には分かるんだよね。

——話は変わりますが、『シティボーイズ ファイナル Part.1燃えるゴミ』DVD発売時の記事を拝見したら、「コメディアンは歳を取ると良いことがない、でも役者は違う」とおっしゃっていて。

きたろう これは俺だけの感覚だけど、コメディアンというか年寄りが舞台に立っているのは、美しくない感じがして。舞台は映像より肉体が重要だし、若い人のもんだなっていう感じはするのね。躍動感のあるものが好きだね、俺は。キレのない老人役者が出てくると、みんないたわりの目で見ているわけだから（笑）。特に笑いの場合は、テンポやキレがないと笑いに持っていくのはなかなか難しいんです。ボケても本当のボケじゃ笑えないのよ（笑）。でも映画やドラマは、生きざまをそのまんま表現していけばいい。ちゃんと真摯に、自分の内面を表現できるようにすることが大事でしょ。だから「俺は上手いだろう」と思っている役者の演技は、なんか嫌だね。役者の自意識は、役に対しては余計なことだし、芝居で見たくない感じがするの。それが嫌だから、自分は上手いと思っているんだけど、隠している（笑）。逆に、全面的に自分を出す人が素敵だと思う人もいっぱいいると思うし。好き嫌いの問題でもあるから、難しい質問ですよ。演技も上手い下手じゃなくて、生き方とかそういうことですよね。何が魅力で、何を描きたいか。俺は人間の感性が好きなんだよね。

『きまじめ楽隊のぼんやり戦争』
監督・脚本・編集／池田 暁
出演／前原 滉、今野浩喜、中島広稀、清水尚弥、橋本マナミ、矢部太郎、片桐はいり、きたろう、嶋田久作、竹中直人、石橋蓮司
全国公開中

竹中直人×山田孝之×齊藤工

撮影　ロブ・ワルバース（UN+PLUS UN inc.）　スタイリング（竹中）伊島れいか（山田）五月 桃（ROOSTER）（齊藤）YOPPY（juice）　ヘア&メイクアップ（竹中）和田しづか（山田）灯（ROOSTER）（齊藤）赤塚修二（メーキャップルーム）　文　堂前 茜

（山田）ジャケット（77,000yen）、パンツ（40,000yen）／共に、Y's BANG ON!（ワイズ プレスルーム tel.03-5463-1540）　※共に税別
（齊藤）セーター（108,000yen）、シャツ（68,000yen）、パンツ（87,000yen）、シューズ（28,000yen）／以上、YOHJI YAMAMOTO（広報宣伝部　tel.03-5463-1540）　※すべて税別

この2人だったら大橋さんの世界をきっと共有できるに違いないと思った。そこから一気に動き出したんです（竹中）

本誌撮影中、映画『ゾッキ』で監督を務めた竹中直人、山田孝之、齊藤 工の御三方に、「向こうから歩いてきてください」とお願いする場面があった。ゆっくりとこちらへ向かってくる3人を見ていると、それぞれが個性の塊、存在感そのものが歩いて来ているようで、思わず笑ってしまった。あまりにも濃過ぎる。なのに——という言い方は相応しくないが——『ゾッキ』は想像よりもずっと朴訥とした味わいがあり、観終わった後、また最初から観始めたくなるような奥深い作品だった。思わず笑ってしまうシーンも何と地味なこと。でもそれが良いのだ。噛めば噛むほど味が出てくる登場人物たち。そこには3人の監督からの途方もない愛情があった。「楽しい」の裏にも「悲しみ」が、「笑い」の背後には「怒り」が。一筋縄ではいかない人間の感情が表現されていた。

キャスティングの時点で、三者三様、良い意味で三方向にもう向いていた（齊藤）

――大橋裕之さん原作の漫画『ゾッキA』、『ゾッキB』が映画化ということで。今どんなお気持ちですか？

山田　大橋さんの世界を崩さずに、それぞれの色も出たんじゃないかと思います。それが上手く混ざっているかどうかは、まだ客観的になれていないので、分からないんですけど。

――めちゃくちゃ混ざっていたと思います。混ざっていたからこそ、どうやって作られたのかも気になったのですが、エンド・クレジットで各パートのお名前を見て、「あ、やっぱりこれが山田さんだったのか」とか「この演出は絶対に竹中さんだろうな」と思っていたところが当たっていたりはしました。竹中監督は？

竹中　僕はもうとにかく、孝之と工がどう思っているんだろう？ということが一番気になります（笑）。

――「どうだった？」とはまだ聞かれていないんですか？

竹中　それはもちろん聞きました！　2人とも「良いんじゃないかな」と言ってくれたんだけど、僕はすごくドキドキしました。「本当はどう思っているんだろう？」って。でも仕上がったのを観て、やっぱり面白いなぁと思いました。形になったんだな……という喜びが。だけど大橋さんはどう感じるんだろう？という心配はとてもあります。

齊藤　僕はキャスティングの時点で、三者三様、良い意味で三方向にもう向いていたので、それが、幕の内弁当じゃないですけど、1つのお皿の上に収まったら良いなと思っていたんです。仕上がったのを観てそうなっている気がしました。ちょっとビュッフェっぽいところが、『ゾッキ』という原作の世界にもすごく近いですし、僕も今は、大橋さんはもちろん、お客さんがどう思うかな？というところに意識がいっています。

――齊藤監督のところで言うと、伴くん役の「九条（ジョー／コウテイ）さんをよく見付けてきたな」と思いましたし、竹中監督だと、吉岡（里帆）さんにあれを絶対にやらせたかったんだろうなぁと思いましたし、山田監督が松田龍平さんらを迎えたことで途端に映画としての輪郭が立ち上がりましたし。加えて言うと満島真之介さんと松田さんが座っている時のやりとりや、松田さんが自転車に乗ってこちらに向かってくる場面の絵作りにはどこか隙と可笑しみがあって、大橋さんの世界観に通じるなぁと思ったりもしました。

山田 原作を読んだ時、藤村を龍平くんがやってくれたら良いなとは思っていました。旅人役の満島真之介もそうです。漁師さんは、最初はリアルに、港町で働いている漁師さんにやってもらおうかなと思っていたんですけど、倉持（裕）さんの脚本が上がってきたら台詞がガッツリあったので、素人には無理だろうなと思って、俳優さんにお願いしようとなりました。漁師っぽい人達を自分なりに考えてキャスティングして。

――ピエール瀧さんが出てきた時は思わず笑ってしまいました（笑）。

山田 そうですよね（笑）。でもあれ、『全裸監督』の現場でオファーしていたんです。その後色々ありましたけど、「すげぇ役作りしてきたな」とは思いましたよね。「本当に後悔しているんだろうな」っていう（笑）。

竹中 しかもスッと現れる。

山田 スッと（笑）。

――齊藤監督は九条さんをどこから見付けてきたんですか？

齊藤 正直、伴くんのキャスティングは難航していましたし、他の候補の方もいました。だけどたまたま別の作品の番宣で出させていただいたヴァラエティ番組で、目の前でコウテイさんの漫才を見た時に、なんかピンときてしまって。でも、牧田を演じた森（優作）さんとバッテリーなので、森さんあっての伴くんです。

山田 牧田の受けの芝居があるからですよね。

齊藤 完全にそうなんですよ。

――伴くんの話というのは映画の軸の1つでもありますが、しっかりと、人間が描かれているなぁと。

齊藤 『ゾッキA』の1話目が伴くんなので。今回の『ゾッキ』から大橋さんの世界に入った人にとってはいきなりビンタをくらうようなインパクトがある作品だと思いますが、倉持さんの台本の妙で、原作のオムニバスと同じ世界線にしてくださったことで、その区切りがあるようでないというか、不思議な感触になって。各物語の個性をそれぞれが思う存分、足し算と引き算できていたのではないかと思います。

――どのパートを誰がやるのか？はどういう経緯で決めたんですか？

山田 みんなで、「どれやります？」みたいな。ただ、伴くんの話は絶対に入れなきゃいけない空気があったんですが、僕は正直、伴くんをできる自信がなかったので、工くんが伴くんをやりたいと言ってくれて、すごく安心したんです。僕は最初から「Winter Love」がやりたいなと思っていました。

――「Winter Love」のどこに惹かれたんですか？

山田 どこと言うと難しいんだけど、というか大橋さんの作品全体がすごく難しいんですが、単純に、「あっ、これ好き！」って。ストーリーと藤村の動きや感情が僕の中にスッと入ってきたんです。伴くんに関しては、できない。僕はこれを受け止めきれないと思いました。伴と牧田のエモさも。逆に、藤村の流れる感じは、入ってきたんです。というよりも、もうやりたかったんですね、あの話を。それこそ竹中さんの「父」も――僕も子どもがいますけど――やっぱり僕の年齢では「父」をあんな風に描けなかったと思います。年齢というより、人生経験として、かな。竹中さんも「これやりたいです」と言っていましたよね？

竹中 あ……はい！（笑）。

山田 照れてるな（笑）。

竹中 大橋さんの漫画との出会いは、２０１８年の5月、日比谷の〈シアタークリエ〉で倉持さん作・演出の舞台を演っていて、その時のゲストが前野朋哉くんでした。ある日、前野の楽屋を訪ねたら冷蔵庫の上に『ゾッキ』が置いてあったんです。で、「ちょっと貸してね！」って自分の楽屋で読んだんです。そうしたらもうぐいぐい大橋さんの世界に引き込まれていって……。これを絶対に映画にしたいと思った。全てショート・ストーリーなので、最初はオムニバス形式で映画にしよう！と考えました。そして、この企画を巻き込むなら誰だろうと考えた時、直感的に浮かんだのが孝之と工だった。この２人だったら大橋さんの世界をきっと共有できるに違いないと思った。そこから一気に動き出したんです。

そのためには今回きっちり回収しないといけない（笑）（山田）

——原作がオムニバスということで映画は少しコラージュ感のようなものも出るのかなと思ったのですが、１本の物語として見事に繋がっていて、映画として非常に奥行きがありました。

竹中 最初はオムニバスで考えていましたからね。倉持さんに脚本をお願いした時、倉持さんから「１つの物語に繋げた方が良いのでは」と提案されました。倉持さんの構成が素晴らしいです。

——例えばアパートの前で、藤村と鈴木 福さん演じる伊藤の絡みがあります。あそこの演出はそれぞれ？

山田 そう、なんか分離していましたよね。テストの後、竹中さんは福くんのところへパッと行って、僕は龍平くんのところへ行って、それぞれがそれぞれに演出していました。

竹中 それが妙に楽しかったんですよ（笑）。まったく別個のものとして存在している感じでした。

山田 一応横で聞いてはいますけどね？　竹中さんがどういうことを伝えているのかは。

——あそこで笑ってしまったのが、藤村が説明をしているのに、伊藤が興味なさそうに自分の部屋に戻っていくというくだりで。

竹中 あれはね、全然他人には興味ないっていう風にしたかったんだ。

——分離しているところもありつつ、あとは話し合いながら進めていったんですか？

竹中 話し合いっていう話し合いはしてないです。この映画を立ち上げるまでの話し合いは何度かやりました。孝之が監督をやってくれるか、くれないか、ずっと心配しながら（笑）。

山田 だって（監督を）やったことがないですからね（笑）。僕は最初から、ヌルッと避けてはいたんですよ。プロデューサーとして協力するのは良いんですけど、監督は絶対に向いていないから。でも竹中さんが「どうしても」とおっしゃってくださったので、「じゃあやってみます」と。

——やられてみて、いかがでしたか？

山田 経験したことないことばかりで、すごく楽しかったし、嬉しかったですし。もちろん、今までに体験したことがない大変さ、辛さもありました。

——山田監督のパートも思わず笑ってしまうシーンばかりで。藤村が自転車に乗っている時、前を歩く女性のお尻を触るか触らないかのくだりなんかは、妙にスリリングでした（笑）。

山田 あの場面のせいで、中国では公開できなかったんですよ。伴くんのパンツの部分もダメだったし、作品全体に散りばめられたエロが中国ではちょっとダメみたいな感じでした。あのヴィデオ・ボーイズも。

齊藤 そこが肝なのに（笑）。

―― 伴くんのパンツと言えば、牧田が風呂場でパンツを洗って履く場面がありましたね。

齊藤 買ってきたものだとバレちゃうんじゃないかなって。コクを出すにはあぁするしかなかったんです。

―― しかも風呂場の扉のガラスが透明じゃないから、中が見えそうで見えないっていう。

竹中 ラスト・シーンで再びパンツが登場するんですが、アングルによってはパンツに見えないんじゃないか？って。パンツに見せる工夫がありましたね。

山田 でもそれがあることで、３つのパートが重なりますよね。

齊藤 そう、パンツ越しに、最後藤村が通るっていう。パンツで重なるんですよ。

山田 「藤村（の顔）が分からないんですけど、寄りますか？」、「いや、寄らなくて良いです」って言って。

――（笑）映画の冒頭で、「吉岡（里帆）さんにこれをやらすんだ」っていう驚きの演出もありました。

竹中 あれはね、ものすごくやりたかったんです。美女の、控え目な○○を……。

山田 プロデュース陣も1回、「ん？」ってなりましたよ。「これ大丈夫ですか？」って。

竹中 でも……吉岡さんが○○ってやったら、俺にとっては可愛いなって思って……。

―― 竹中監督は映画『無能の人』から始まって……。

竹中 あ、はい。『無能の人』でも○○をいっぱい使っています。その後の作品でも（笑）。

―― みなさんの共通認識として、こういう映画にしたいね、という話はありましたか？

山田 ありましたっけ？

竹中　なかったんじゃない？　いっぱい話はしたけれど、形になるまでは。

齊藤　でも台本にそれがもうまとめられていたというのが大きかったと思います。スタッフさんはもちろん共通でしたし。めちゃくちゃ長い美術打ち合わせがあったんですが、そこで御二方のパートはこういう感じなのかと知ることができてヒントがあったり、こういう発色の作品になっていくんだったら自分はこうした方が良いんじゃないか？と考えられたり。僕なんかはお2人が「Winter Love」と「父」をやるって最初にボンッと決めてくれ、主役のイメージも早々にあげてくださったことで、伴くんのキャスティングのイメージが見えてきたところもあります。物語が繋がっている部分に関しても、御二方の作品の導き方を横目で見ていたので、自分が向かうべき道が照らされていたんです。だから言葉でやりとりを交わすという感じではなかったかもしれません。変にバランスをとるというわけではないんですけどね、無限の選択肢の中から見えてきたもののお陰です。

山田　僕の場合は、全部ではないんですが、自分のパートがない時も、竹中さんと工くんの現場に参加して見てはいたので、「なるほどな」と勉強させてもらうことはやっぱり多かったです。「そういう視点から考えるんだ」、「そういう視点から撮るんだ」と。出来上がりもそれぞれの個性が出ていて面白かったですし。

――初監督作という気負いなどもなく？

山田　自分の色を出してやろうみたいなものもなく、もう全部が分からないだろうと思っていたので、そこで戸惑うのではなく、分からなかったらスタッフにそれぞれ専門の方がいるので、聞いて質問してアイデアをもらって「なるほど」と、そこから一緒に答えを見付けていきました。あと藤村で言うと、最初にナレーションはあるけど、なぜこの人が今ここにいるのか？とか、なぜこう思い立ったのか？という説明を俳優さんに全部任せても良いんですけど、こちらからも「例えばこういうことだと思うんですよね」みたいなものは用意しておいた方が良いと思ったから、それは色々と考えていました。観ている人に伝わるかどうか？ということではなくて、龍平くんに藤村を落とし込んでもらうために作りたい描写はあったので。

——日常の視点を変えてみたくなる映画というか、「日常ってこんなに可笑しいかも」という風にも思わせてくれる作品でした。ぜひ続きが観てみたいところです。

竹中 僕はとにかく大橋さんの大ファンになってしまって『ゾッキ』を映画にしたいと思ったその時、直感的に浮かんだ孝之、工がこの企画に乗ってくれて形になった。その喜びは本当に大きいです。仕上がった後、パート2ができたらいいね……なんて3人で話をしていたら、なんと大橋さんが『ゾッキC』を描かれてるって聞いて、それをまた映画にするのが夢です。

山田 そうなると映画の方は、『ゾッキ10』くらいまでいけちゃう。

齊藤 Zまで（笑）。

竹中 それは本当に嬉しいな。ゾッキがシリーズになってくれたら最高です。でも最近はいろんな役者さんが監督する映画も増えてきたからちょっと焦っちゃいますが（笑）。

山田 まずは、またお金を集めなきゃいけない（笑）。そのためには今回きっちり回収しないといけない（笑）。

竹中 あ、そうだね！ 孝之はプロデューサーでもあるしっ！（笑）。

『ゾッキ』
監督／竹中直人、山田孝之、齊藤 工
原作／『ゾッキA』『ゾッキB』大橋裕之〈カンゼン〉
出演／吉岡里帆、鈴木 福、満島真之介、柳ゆり菜、南 沙良、安藤政信、ピエール瀧、森 優作、九条ジョー（コウテイ）、木竜麻生、倖田來未、竹原ピストル、潤 浩、松井玲奈、渡辺佑太朗、石坂浩二、松田龍平、國村 隼、他
全国公開中

田口トモロヲ×松重豊×光石研×遠藤憲一

撮影 桑島智輝 スタイリング（田口）DAISY 石橋瑞枝（DAISY M'S OFFICE）（松重）増井芳江（遠藤）中本コーソー（ラインヴァント） ヘア&メイクアップ（田口）大八木智之（éclat）（松重）林 裕子（光石）山田久美子（遠藤）村上まどか 文 堂前 茜

不要不急な人生が素晴らしく、それがエンターテインメントに繋がって、人を癒すことができる（田口）

（田口）ブラック ジャケット（30,800yen）、シャツ（11,700yen）／共に、Desigual（デシグアル ストア ハラジュク tel.03-5467-2680） チェーン付ベルト（8,800yen）／G-STAR RAW（tel.03-6890-5520） ※すべて税別 （光石）本人私物 （遠藤）ジャケット／suzuki takayuki（tel.03-5846-9114） シャツ／SAGE DE CRET（tel.03-6452-5188） パンツ／PT TORINO（TOMORROWLAND tel.0120-983-522） ※すべて税別

いつかこの４人の会話のグルーヴを生で体感してみたいと思っていた。人気ドラマ・シリーズ『バイプレイヤーズ』の田口トモロヲ、松重 豊、光石 研、遠藤憲一のことである。今回、取材は短時間であったが、目くるめくプレイを見事に披露してくれた。さながら松重はドラムとして話の要所を支え、光石は小気味良いベース・ラインで隙間を埋めていく。奔放だがパンチラインしか出てこない田口のヴォーカルに、何を奏で出すか分からない遠藤のギター……。映画『バイプレイヤーズ～もしも１００人の名脇役が映画を作ったら～』はこの４人をはじめ、映画版でしか観られない錚々たるキャストも集結した、笑いと涙の一大スペクタクルだ。濱田 岳が監督として〝犬〟を主役にした映画を撮ろうと奮闘するも、様々な役者を巻き込んだトラブルに発展。役者１００人を起用するという壮大な目論みは果たして？

むしろそういうくっだらないことをずーっと積み重ねられるかどうか?がすごく難しいことなんです（松重）

――思わず笑ってしまったシーンがたくさんありまして、例えばなんですが、田口さんが美顔ローラーを休憩中か何かにお顔にコロコロやられていて、そこまではまだ良いんですが、それを台本の上に置くんですよね、さりげなく。台本の裏にはあるお名前が書かれており、「あぁ！」と観た人が気付く場面なのに（笑）。

田口　あれはアドリブですね。コロコロはね、元々現場にあったんですよ。使っても良いっていうからいろんなところに使っていて。×××に使おうとしたら駄目だと言われたから、最終的に台本をクローズアップして撮る時に添えたっていう。あれはオマージュなんです。何のオマージュかは分からない（笑）。使えないんだったらカットして下さいと言ったんだけど。

光石　使われていましたよ（苦笑）。

田口　うん、使っているからビックリした。「OKだったんだ」と。まぁ実際の×××じゃないですもんね。

光石　何を言っているんだ（笑）。

松重　×××って言うと記事にできなくなっちゃうよ。

田口　あぁそっか。じゃあ×××でお願いします。

――（笑）犬の風（ふう）がいなくなった時、濱田さんたちがしょげていて、おじさんみんなで励ます場面がありました。そこでも田口さん、「大丈夫だよ、風は本気で走れば早く走れるから」と、いなくなったこととはまったく関係のない台詞を言われていて。「何なんだろう、この人は？（笑）」と思うシーンばかりで（笑）。

田口 あー、バカな自由人っていう設定なの、僕は。ほぼ台本通りにやっているんですけど。

光石 全然じゃない。

松重 嘘です、嘘です。

――（笑）現場ででも、完成したのを観てでも、光石さんが思わず笑ってしまったシーンはありますか？

光石 ド頭の銃撃戦は笑いましたよね。良い大人たちが必死にバチバチやっていてさ（笑）。

――最高でした！ ただ今回の映画では、みなさんは撮影所を見守る役割があったのかなと。濱田さんや柄本（時生）さんらの若手をバックアップしたり。みなさんが前に出ている感じではなかったですよね。

光石 台本の段階でそうなっていたし、本当はこの『バイプレイヤーズ』って大杉 漣さんありきの作品だったから。今回は漣さんがいらっしゃらないので、ああいう形になったんだと思います。

――映画化にあたり、監督から「こういう風にしたい」というお話はありましたか？

松重 特になかったと思いますよ。監督を松居（大悟）さんがやられるとなった時点でも、連続ドラマは（映画より）先の放送なので内容が明かされないままで。（連続ドラマが）どういう流れでどういう結末になるかもよく分からない状態で、映画の撮影に入ったんです。なので、松居さんの「ＯＫです」という言葉だけが僕らの拠り所でした。トモロヲさんのアドリブが長くて、だけどカットがかからなくて、「多分使われないだろうな」と思いながらも、「はいＯＫです」と言われた言葉がすべてだと思って僕らはやっていました。

田口 僕のアドリブはだいたい下ネタなんです。下ネタ担当なので。

光石 担当なのでって（笑）。

田口 で、大体下ネタはカットされる。

――カットされるのを分かっておられても、果敢に？

田口 はい。

松重 トモロヲさんの中でそういう言葉が、単語が、出てきてしまって、使えない画にしてしまうっていう。切りどころを自ら作るんですよね（笑）。

――そういうのをみなさんはどういうお気持ちで？「俺にはできないな」という悔しい気持ちも？

光石 悔しい気持ちはさすがにないけど（笑）、とにかく本当に面白いんです。

――そんなに伸び伸びとご自分を出せるってすごいことですよね？

光石 あぁー……え、僕に言っていますか？（笑）。

松重 （笑）でもトモロヲさんがそうやって下ネタで色々と落としどころを見つけてくれるというのは、僕らからするとトモロヲさんの役割だなぁと思うんですけど、次のバイプレイヤーって呼ばれている人たちにとっては、すごく参考になる先輩のアドリブ合戦だと思いますよ。

田口 ダメな参考（笑）。

――田口さんのアドリブに乗っかっていく、という場面などもありましたか？

田口 僕らのフォームは、（ドラマの）シーズン1とシーズン2の時に、みんなと相談しながら作ることから始まって。台本から離れてそれぞれがアドリブをやっていくのを、漣さんも含めて練習しようよ、みたいな感じだったんです。だからこの4人になった時は、今回もそういう感じで進んでいきました。

――遠藤さんは撮影所にいない設定だったから、淋しかったんじゃないですか？

遠藤 みんなといなかったからね、フィリピンにいるっていう。

――フィリピンからの遠藤さんからのメッセージで印象に残っているのが、「風だとちょっと歳を取りすぎてるかなって」のくだりで、「風さ、歳とってるけどさ、中身若いじゃん。光石さんとかさトモロヨさんとかさ、おじさんだけど子供っぽいのと一緒だよ」って。

遠藤 え、俺そんなこと言っていました？

――確か言っていました。

一同 （笑）。

遠藤 スタジオの場面じゃなくて、だよね？

松重 遠藤さん、映画をご覧になったんですよね？

遠藤 観たんだけどな（笑）。

――実際、光石さんと遠藤さんの少年のような無邪気な様子を先程の本誌撮影の時に拝見していたので、この台詞はアドリブなんじゃないかな？と勝手に思ったのですが、台本通りだったんですかね。

遠藤 （笑）はい、台本通りだったと思います。

――しかしみなさん本当に見た目も含めて本当にお若くて、中身は男の子という感じがします（笑）。

遠藤 撮影も楽しかったですよ。みんな幼稚なので、バカな遊びにも付き合ってくれるし。

――幼稚のレヴェルは同じぐらいなんですか？ 誰か1人は大人になったりしないんですか？

遠藤 一番幼稚なのは俺だと思うけど、みんな付き合ってくれる（笑）。

――田口さんじゃないんですね。

光石 田口さんじゃないんです（笑）。

遠藤 下ネタに関しては子どもっぽいけどちゃんと中身は大人の方です（笑）。精神年齢が低いのは俺かなぁ。

――光石さんも、そう思われますか？

光石 ど、どうなんでしょう？　どうなんですかね（笑）。

松重 （笑）役者を何だと思っているんだって感じですけど、精神年齢で言ったら僕らは幼稚園から一歩も進んでないと思いますよ。社会性とかないですから。真面目にやると真面目な役がやれちゃったりするんですが、それは基本的に落ち着きがないからいろんな役をやっているだけで。本当にね、いわゆる一般的な、60歳近いおじさんたちにあるような落ち着きはまずないです。

光石 それはないね。

松重 もう日常からしてない。それは胸を張って言えます。そんな落ち着いた俳優は見たことないです。しかも多分、そういう人たちは仕事がないと思います。

遠藤 そうか、みんな幼稚か（笑）。

田口 若い人たちの方が落ち着いていますよね。

一同 あー。

田口 すごいクール。クールで人間として進化していますね。僕らは、ちょっと破天荒な上の人たちを目撃できた最後の世代だと思うんです。そういう人たちを見ているし、その下のクレヴァーでマイルドな人たちも見ているので、目撃したものを伝える、という役割ができたら良いなとは思っていますね。上の人じゃないけど、エンケンさんは酔っぱらった数多くの武勇伝をお持ちです（笑）。エンケンさん自身が1つ伝説ですから。でね――本当に僕ら落伍者みたいなものなんだけど、それぞれの不要不急な人生が素晴らしく、それがエンターテインメントに繋がって、人を癒すことができるかもしれないから。そういう生き方もあるよって、大袈裟に言うと若い人たちに伝達できれば良いなぁとは思っています。そんなにお利口にならないで、と。

――映画の頭の方で田口さんが、「不思議だねぇ、役者って」と呟かれるんです。計2回。ちょっと他人事に役者を見ている、この距離感と温度感が、この作品の根底にあるよなぁと思いました。

田口 あそこは台本通りなんですけども、脚本家が、「そういう不思議な動物たちだな」と思われているんでしょうし、「これから不思議な動物映画を見せますよ」というメッセージなのかもしれないし。

――そして最後のシーンを観ているこちらが今度は「不思議だねぇ、役者って」と呟きたくなりました。

松重 さっきおっしゃった「他人事」。その他人事が僕らのリアリティなんですよね。だから普通に演じていくことも、登場人物がどう思ってどう言ったかということも、他人事なんです。だから取材で聞かれても、「そういう台詞なのでそういう風に言いました」と言うしかない日々なんです。そういうことだよね？

光石 ホントに映画観てないの？（※取材時、松重のみ映画は未見）

松重 観ていないですけども、ものすごく分かるんですね。

一同 （笑）。

遠藤 一番観た人だよ。

光石 観た人だよな。

――でも今すごく丁寧に補強というか解説してくださって有り難いです。

松重 でしょ？

――松重さんはご説明が非常に明快だし田口さんはたまにすごく良い言葉を吐かれるし。やはり詩人ですね。

田口　詩人ですか？　ありがとうございます。ポエマーなんです。台詞と言う存在のポエムですから。

――（笑）光石さんの役割はどういうところにあると思われますか？

光石　どうなんでしょう、自分ではまったく分からないですけど、何ですかね？

――先程からみなさんのやりとりを微笑ましく見ていらっしゃるなぁと。例えば家族に例えると？

松重　あのね、家族に例えるんじゃなくて、嵐に例えると、自分はニノだって言っていました。

光石　やめてよ（笑）。

松重　これははっきり、ご自分でおっしゃいました。

光石　嘘、嘘ですよ（笑）。違う、違う。

松重　海辺でね、5人で海から出てくるシーンを撮っていた時に、地元のギャラリーの方がいらしたんですよ。わりとみなさん騒がれていたので、「俺ら誰かに間違えられているんじゃない？　嵐とかと間違っているんだよ」という話になって、「嵐だったら、みんな自分はなんだと思う？」と訊いたら、もう間髪入れずに「俺はニノだな」って光石さんが。

一同　（笑）。

光石　本当に言ったの？（笑）

松重　言いました。

――じゃあ嵐に例えると、松重さんは？

松重　自分じゃおこがましくて言えないですけど、ニノがもう選べないので……。あと誰かな。

光石 もうやめて（笑）！

──光石さんはちょっと天然というか、みなさんに突っ込まれる感じなんですか？

光石 分からないですよ自分じゃ！ 「僕天然です」なんて言わないでしょ（笑）。

松重 「僕やっぱアイドルにいる」っていうタイプですよ。

光石 おかしい（笑）。

──いやでも光石さんは本当にいつもお洒落でいらして、たまにファッション誌も拝見しています。

光石 やめて（笑）、もうツッコミどころ満載になっちゃうから。

松重 スタイリストいないの、ご本人でやられているから。

光石 うるさい（笑）。

一同 （笑）。

──撮影現場はきっとさぞかし楽しいでしょうね。

松重 とにかくカメラが回っていない時に、くだらないごっこ遊びしているんですよ。特にこの辺（光石と遠藤を指して）がね、ちょっとした役割を担い合って。で、めちゃくちゃ上手いから、（カメラを）回しても絶対にちゃんとした映像が撮れるくらいのリアリティがあるんです。駅員さん役とかさ、そういうのになり切って演じるの。その辺のスキルは本当に高いですよ。それが映画に出てくるかどうかは、僕はまだ観ていないので分からないけど、そういうのもきっとどこかに反映されているんじゃないかな。

──どういうごっこ遊びをやられるんですか？

遠藤 今さっきもやっていたけど……。

光石 ……オーディションどうでした？

遠藤 本当に、難しくて……。

光石 何を聞かれたんですか？

遠藤 「ミルクを飲めますか？」と一言聞かれて。だけど飲んだ時、「うめぇ！」としか言えなくて。5回やったんだけど全部「うめぇ」になっちゃって。だから……練習しといた方が良いっすよ。

光石 えっ、嘘。どうしよう。「美味しい！　遠藤！」……っていうようなことをやったり。

田口 これね、オチがないんですよ。延々やっている。側で見ている人が最後、「オチはないの？」って。

――ごっこの輪に入らないんですか？

田口 入ったり入んなかったり。そこは出入り自由。アクターズ・ルーム、クラブハウスです。

遠藤 入れる人を間違えると、怒られる。前にあったよね？

光石 「俺そういうの、嫌いなんだよ」。

遠藤 っていきなりオチに入っちゃう（笑）。光石さんに声を掛けると……。

光石 俺は乗るんですよ。

遠藤 他の役者さんに言ったら、「やめてくんないかな、俺そういうの、嫌いなんだよ」って怒られた（笑）。

松重 特に僕ら、オチを目的にしていないから。そういうくだらないただのキャッチボールなんですよ。

――延々とやっていられるでしょうね。

松重 やっていられるんですよ。別にコント師じゃないので、どこで落とすとかということじゃないので。むしろそういうくっだらないことをずーっと積み重ねられるかどうか？がすごく難しいことなんです。

光石　丁寧な解説（笑）。

松重　（笑）だからこの映画を若い人たちが観ると非常に勉強になるよ、ということが言いたいですね。それはメイキングに残っているんじゃないですか？　むしろ本編にそれが反映されて映画になっているんです。

田口　映画観てないんじゃないの？

松重　観てない（笑）。

――ごっこ遊びもめげずに頑張ってください！

光石　はい、怒られてもやるんです。怒られても、「えー」と言ってもう1回やる。

遠藤　怒られても面白いしね。

光石　怒られても面白い（笑）。

映画『バイプレイヤーズ〜もしも100人の名脇役が映画を作ったら〜』
監督／松居大悟
出演／田口トモロヲ、松重 豊、光石 研、遠藤憲一、濱田 岳、柄本時生、菜々緒、高杉真宙、芳根京子、有村架純、天海祐希、役所広司、他
4月9日より全国公開

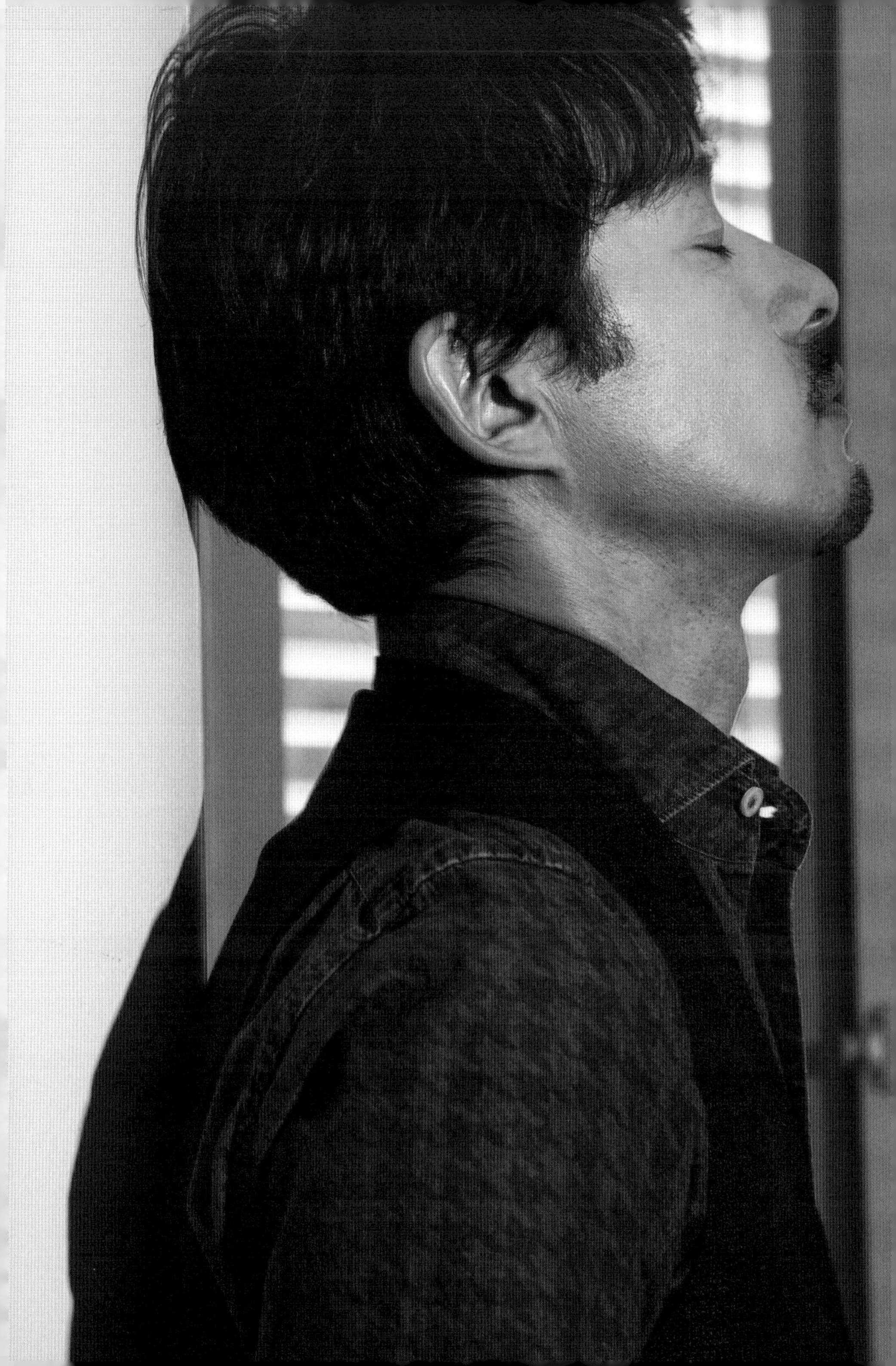

竹野内 豊

撮影　濱村健誉　スタイリング　島津由行
ヘア&メイクアップ　坂本敦子　文　松坂 愛

役者というものを追い求めれば追い求めるほど、虚しさしか残らない気がするんですよ。そういう自分も嫌だし。だからちゃんと人として生きていきたいなと思います

「役者って何なんだろう」。そう静かに話す竹野内 豊はキャリアを重ねた今も、肩書きや職業に決して慣れることなく、1人の人として真剣に向き合っている。役者の本質を見つめ続ける姿からは、強さや厳しさ、どこか悲しさすらも感じられ、その人間味に取材のほんのわずかな時間ながらとことん魅了されてしまった。そんな竹野内を通し、真実を掴もうと奔走する人間ドラマを今、観られることが嬉しい。月9主演は約11年ぶり。4月より放送となったドラマ『イチケイのカラス』〈フジテレビ〉系である。演じるのは、東京地方裁判所第3支部第1刑事部（通称 イチケイ）の刑事裁判官・入間みちお。お堅い裁判官のイメージからはほど遠く、先入観にとらわれない観察眼と、絶対に冤罪を生むことのないようにと物事を徹底的に調べ上げる探究心を持つ異端な人物だ。共感する部分もあったという入間のことから、竹野内自身のことも探った。

たぶん、一生、役者という職業を選んだ自分と、向き合っていくことになるであろうとは思います

――『イチケイのカラス』の台本を読まれた時、最初にどのような気持ちが湧きましたか？

竹野内 刑事裁判官という職業に焦点が当たった連ドラが今までなかったので、台本を読んでまず勉強になりましたね。〝イチケイ〟メンバーの会話のテンポも良く、1人ひとりのキャラクターが生きているので、これは面白い作品になるだろうなとも思いました。

――原作を大胆にアレンジされている本作ですが、どのようなところが軸になると思われますか？

竹野内 「人が人を裁く」ということがいかに難しいかということが軸かと思います。それを一緒に考えていける作品が作れたら素敵だなと。自分自身も、「人が人を裁く」ことの難しさを毎話痛感しています。

――今回演じられるのは、入間みちおという役です。自由奔放で型破りな入間はどのように映りますか？

竹野内 長い物には巻かれない強さがあって、心に生じる「なぜ？」をそのままやり過ごせない人間だなと思います。自分も心に生じる「なぜ？」をそのままやり過ごせないタイプの人間で、そこは共感できたのでみちおというキャラクターを掴む糸口にもなりました。

――今作に限らず、演じる上で役に自分を近づける、ということは多くありますか？

竹野内 そうですね。なり切るなんていうことはすごく難しいなと思うので、どんな役でも少しでも近づきたいなという気持ちがいつもあります。若い頃は、なり切っていると自分自身で暗示をかけていたようなところもあったんですけど、ある時、なり切るなんていうのは無理なのかなと思ったことがあって。だったら少しでもその人物に近づいていけたら良いなと思ったんです。そういうささやかな気持ちは、どこかで常に持っていますね。近づきたいと意識している間は、

こういうことをやると役柄から外れちゃうのかなとか色々と考えるんですけど。だんだん、そういうこともあまり意識せず、何をやっても大丈夫かなって、あまり自分に制限をかけないような状態になれば、だいぶ役に近づけたのかな、なんて思いますね。

――先ほどおっしゃっていらした「なぜ？」が生じた時は、いつもどういう風に解消されていくのですか？

竹野内 昔は「なぜ」と思ったら、そこでつまずいて動けなかったような気がします。でも今は歳を重ねたせいか、「なぜ」を深く追及していくことよりとりあえずそれは置いておく。良い意味で「まぁ、いっか」と思えるようになってきたところがあると思います。疑問が出てきても分からないものは分からないし、という。

――「なぜ」をそもそもなかったことにしてしまいがちですけど、自分の中で分からないものとしてでも、ちゃんと置いておくって大事だなと感じます。入間はしがらみや先入観にとらわれず、真実のために探求していきますが、竹野内さんがそうなれる瞬間はどんな時だったりしますか？

竹野内 新しい作品の話をいただいた時は、先入観にとらわれないで、純粋に作品と向き合うようにはしています。相手の方と向き合った時に生じる新鮮な気持ちも大切にしたいなとも思っているので、あまりガチガチな役作りを事前にはしたくはない、という想いもありますね。

――今回、一番絡みがあるのは、坂間千鶴を演じる黒木 華さんですね。

竹野内 黒木さんは、作品によってまったく印象が違うので、すごい方だなと思いました。今回は、一見完璧な人間に見える坂間の不完全な部分を、繊細に愛らしく表現されていて、とても素敵です。

――真逆の性格とも言える入間の仕事ぶりから、坂間は学ぼうとしていきます。自身とは真逆とも言える人物に興味を持たれることはありますか？

竹野内　持ちますよ（笑）。自分にないものを持っている方は、単純にすごいなと思いますし、こうなりたくないなと思う真逆の方にも、どうしてこういうことになるんだろうかと興味が湧きますね。

――他の〝イチケイ〟メンバーの印象としてはいかがですか？

竹野内　（駒沢義男を演じる）小日向（文世）さんはとにかく本番直前までずっとお話されていますね（笑）。これはこの人に聞けないなということも平気で聞いていて（笑）、あの無邪気さは小日向さんの魅力でもあり、才能だなと思います。

――そのお言葉から現場の雰囲気が伝わってきます（笑）。キャリアを重ねられた今、仕事の向き合い方においては何か変化はありますか？

竹野内　あまり変わっていないかもしれないですね。器用なタイプの人間ではないので、全力で向き合っています。できあがった自分の作品を観ていつも反省ばかりですが、きっとできていないから続けられているんだろう……と思います。たぶん、一生、役者という職業を選んだ自分と、向き合っていくことになるであろうとは思うんですけど。役者って何なんだかよく分からない。それが永遠の課題のような気はするんですよね。

――その答えに行き着きそうになったことは今まで一度もないですか……？

竹野内　ないですね。昔、いろんな映画を観ていた中で、そこに登場する役者さんの力ってすごいなって、憧れのようなものを抱いて自分もこの世界に入ったんですけど。でも実際に自分がやってみると、経験と共に色々と分かってくることがあって、憧れていたはずなのに、この仕事が好きになれない自分がいたりとか。役者というところを意識している自分が滑稽に見えてしまったりとか、ものすごく客観視している自分もいたりするんですよね。歳を重ねれば重ねるほど、どこかで役者業をやっている自分が本当に好きなのかなぁとか、そもそも演じることって好きなのかなぁとか思えてきたりとか。

――答えが出ないからこそ、続けていられる部分もあったりするのですか？

竹野内 それもあると思います。おそらく、答えが分かってしまったら……もう別にやる必要はなくなるのかもしれない。役者って何なんでしょうね。芸名と本名を分けていれば、スイッチの切り替えができるかもしれないんですけど。自分は、本名でやっているから、基本的に切り替えは役を与えられた時でしかないわけですよ。だからなのかな、役者業に対してすごく引いた目線で見ている自分がいますね。自分1人の力じゃ何もできないし、正直、あまり役者業を好きじゃない自分がちょっといます。

――何者でもなくなる瞬間が竹野内さんの中にあるんだろうなと、お話を聞いていて思いました。

竹野内 こんな良い歳をして、じゃあ自分に技術的な面やスキルというものがあるのかなと思うと、基本的にそういうテクニックもないですし。だから最近、自分と向き合って考える時間があったりした中で、役者としての成長というよりも、1人の人として生きていきたいなという方が強くなってきたかな。役者というものを追い求めれば追い求めるほど、虚しさしか残らない気がするんですよ。そういう自分も嫌だし。だからちゃんと人として生きていきたいなと思います。もちろん、今、世界中が大変な状況の中で、作品を観た人の気持ちが一時でも軽やかになってもらえることは嬉しいですし、この瞬間に仕事に携われていることが奇跡だなということも感じながら。

――そんな竹野内さんが最近触れた映画や本など、刺激を受けたものがあれば最後に教えてもらえたら。

竹野内 先日、緒形 拳さんの展覧会があって。書画もいくつか展示されていたのですが、緒形 拳さんの字の温もりや言葉の1つひとつがとても素敵で、心に喝を入れていただけました。

©フジテレビ
『イチケイのカラス』
演出／田中 亮、星野和成、森脇智延、並木道子　原作／『イチケイのカラス』浅見理都〈講談社モーニングKC〉
出演／竹野内 豊、黒木 華、新田真剣佑、山崎育三郎、桜井ユキ、水谷果穂、中村梅雀、升 毅、草刈民代、小日向文世、他
毎週月曜夜21時より〈フジテレビ〉系にて放送中

H
NKY

名球会、伝説の名選手たちの肖像

福本 豊

対話&撮影　山崎二郎　文　吉里 爽　編集協力　菊地伸明（未来サポート）

投手は２００勝または２５０セーブ、打者は２０００安打を記録した名選手が集う名球会。一握りのトップ・プレイヤーのインタヴュー連載。今回は１９６９年に阪急ブレーブス（現・オリックス・バファローズ）に入団以来、19年の現役生活で、通算２５４３安打、１０６５盗塁を記録した福本 豊選手にご登場いただいた。

3点差くらいが（盗塁するかどうかの）基準で、5点差あったら絶対いきませんね

山崎 福本選手の場合、ベスト・シーズンは、盗塁の世界記録を更新した１９７２（昭和47）年になるでしょうか？

福本 当時、プロ入り5年目くらい？「まだまだレギュラーやない、お前の代わりはナンボでもおるぞ」って監督が言うてたからね。（ベスト・シーズンは）それ以降でレギュラー定着してからやなかったかなと。

山崎 となると、むしろ、１９７５（昭和50）年から3連覇した時代の……。

福本 そうね。チームが強かった時代が一番よかったのと違いますかね。

山崎 著書の中で「走ろうと思えば走れるシチュエーションでも、あえて盗塁しなかった」とおっしゃっていて印象に残っています。

福本 うん。面白うないから。例えば3点以上の点差があって、そんな必死になって走ることないし。接戦であれば、盗塁しましたけど。3点差くらいが（盗塁するかどうかの）基準で、5点差あったら絶対いきませんね。

山崎 じゃあ、記録更新のために盗塁数を稼ぐという意識はなく……。

福本 あんまり、そんなんはなかったですね。「記録、記録」って周りは言うけど、自分はそないして思うて走ってなかったし。賢かったら、（記録目当てに）もっと走ってたんやろね。やっぱりね、（状況をわきまえない盗塁は）相手に失礼。

山崎 長い現役生活の中で、大きなケガはありましたか？

福本 現役の最後の方で肘がパンクしましたけど、それ以外はなかったです。キャンプの寒い時期にちょっと傷めて、開幕後の試合でホームで（キャッチャーと）接触した時に肘を突いてしまい、一時は完全に肘が曲がっ

たままの状態になりました。

山崎 故障が少なかった要因は何だと思いますか？

福本 いやぁ、（心身共に）強かったんでしょうね。痛いところがあっても、「痛い」とは言わへんし。「痛いくらいで（ゲームを）休んだら、お前、ポジションないぞ。控えの選手はいっぱいおるから、出場機会を自分からプレゼントしたらアカンで」と先輩に言われていましたからね。

山崎 昨今、「ベースの直前でスライディングする」というスタイルが主流になりつつある感がありますが。

福本 それだとケガしますね。ベースの近くで滑れば衝撃が強くなるわけだから、捻挫しないまでも（ベースと接触して）足首に負担がきますよね。

山崎 福本選手の場合、なるべく、ケガのリスクを減らすような工夫をされていたんですよね。

福本 もし、ベースに足首を強打してケガをするような状況なら、感触で分かりますからね。くるぶしと膝に「ガツン！」というショックが来ますから。経験を積むうちに、スライディングの際、ベースの近くでスピードを殺しつつ力が抜けるようになった。だから、僕は割とベースの手前からスライディングする方でしたね。足だけをベースに入れる感じで、低い姿勢で滑り込んでいました。まずはスパイクの爪先でベース・タッチをするイメージで、爪先がベースに着いたら足首を曲げていく感じで。相手の動きもベースの位置もだいたい見えていますから（接触は避けつつ）、ちょっとでも早くベースに着くことだけを考えていました。

山崎 当然、ケガのリスクが高いヘッド・スライディングはやらないと？

福本 プロ入り当初、若い頃は結構やりましたけどね。何とかセーフになりたい一心で頭から行くこともありましたけど、「こら、危ないわ」と気づいて（やめました）。

山崎 帰塁の際は頭から戻っていましたか？

福本 （頭からは）あまり行かないですね。それをやると、一塁手が外国人の場合、上から体重を乗せてくるんですよ。頭部や首の周りを（ファースト・ミットで強く）タッチされるので、足から戻るようにしました。足やったらタッチされようとダメージはないですから。

山崎 塁上でのリードはさほど広くなかったんでしょうか？

福本 ピッチャーの牽制のスキルによって、まちまちですね。

山崎 ８ミリ映像で撮影したものを参考に、各々のピッチャーの対策を練っていた感じでしょうか？

福本 いや。ピッチャーを見ていたら、雰囲気で（牽制が来るか否かは）分かりますよ。そもそも、前提として、牽制球は来るもんやと思うてるから。「牽制球、いらっしゃい！」と思って、待っているんで。

西本監督の「ちょこんと当ててる限りは使わんぞ！」の一言で、僕は変わりました

山崎 福本さんの名言で印象に残っているのは、「盗塁の秘訣は何ですか？」と訊かれて「まずは塁に出ることや」とおっしゃっていて。

福本 うん。それが一番や。まずは塁に出ないと、走られへんしな。まず出塁せないかんし、その前に打席に立たせてもらわないかん。フォアボールかヒットなりで出塁して初めて、盗塁する権利がもらえるから。出塁して２盗を決めるには、打席で１回、塁上で１回と、２回の勝負をせなアカンですね。

山崎 出塁を稼ぐために、セーフティ・バントはやられていましたか？

福本　僕、（セーフティ・バントは）嫌いだもん。「あんなセコいことはやらん。俺はバンターちゃう」みたいなこだわりを持っていましたね。だから僕、バントは下手ですよ。亡くなった西本幸雄監督に怒られますけど、（バントのサインが出ても）わざとファウルにしていました。

山崎　バントで転がせば、余裕でセーフじゃないですか。

福本　だって、打ちたいから。僕はバンターやなくて、バッターや。「バントしたらもっと打率が上がるで」と言われても、「そんなコスイこと、したない」っていうのはありましたね。

山崎　（笑）相手投手の投球を見極めてフォアボールを取るっていうのは……。

福本　1球目から手は出さずに見送って、相手ピッチャーのスピード、コントロール、変化球の配球なんかを次打者にも見せるように心がけると、割とフルカウントになることが多かったですね。追い込まれても「俺は三振せえへんのや」という変な自信があって、（球数を）放らせてましたね。なんせ、「打ってやろう」という気持ちで打ちに行って、アカンかったらファウルで逃げればいいし。

山崎　盗塁するには出塁が必須と分かりつつ、確実に出塁できるセーフティ・バントはやらずに打ちに行くスタイルだったんですね。

福本　セーフティ・バントを決めるより、打って出塁したかったから。バントの練習の時にはファウルばかりだと怒られるんで、ちゃんとやっていましたけど（笑）。

山崎　走り打ちのような、当てに行くバッティングをすると「ちゃんと腰を入れて打て！」と西本監督に注意を受けたと聞きます。

福本　レギュラーになった当時、「ショート・ゴロさえ打てば内野安打が稼げる」と新聞なんかに書かれて、フリー・

バッティングでそういうバッティングをしていたら、途端に怒られましたからね。西本監督に「そんなバッティングをするなら、使わんぞ！」と怒鳴られました。「ツボに来たら長打にできるだけの怖さも、ちゃんと持っとかなアカンのや。ちょこんと当ててショート・ゴロを打つようなスタイルで長いことレギュラー張った選手はおらん。内野安打専門みたいな選手がレギュラーを取れても、2年と続かない」とね。だから、西本監督の「ちょこんと当ててる限りは使わんぞ！」の一言で、僕は変わりました。

山崎　そうした意識革命の結果が通算２００本以上のホームランにつながったわけですね。

福本　（僕みたいな）チビでも（長打を）打てるということですよ。ノムさん（野村克也）に通算ホームラン数を訊かれて、「２００本！」と答えたら「１００本くらいかと思ったら、そんなに打っとるのか。おまえがか！」と驚かれたことがあります。

山崎　シーズン・オフに、「腰で打つ」というトレーニングをされたと聞きました。

福本　1年目だけね。僕、1年目（のオフ）だけですよ、一生懸命やったんは（笑）。2年目のオフからは、魚釣りばかりやっていました。オフに振り込んだ後の2年目のキャンプでは、以前と違って、フリー・バッティングで強い打球がライト・スタンドにゴーンと行くんですよ。「ヘッドがボールに負けない、西本流阪急式」のバッティングができるようになっていてね。僕はチビやけど、西本さんの教えを実践すれば遠くに飛ばせるという実例というか、言わば人間モルモットとして成功したわけですよ。速いボールを打ててる選手は西本さんの言うとおりのヘッドが負けてないスイングになっているんですよ。西本さんからは、１５０キロの藤川球児のストレートみたいなボールがドーンと来た時に負けないスイングを教わりました。バットのヘッドが（下がらず）立つスイングをね。バットが下から出ると、高めは打てませんから。（西本さんの教えだと）上から下に勝手にバットが出るようになるんで。

山崎　プロ入り当初、打球の伸びがアマチュアとは違い過ぎて、守備で苦労されたと聞きました。そこからどうやって対応していったんでしょう？

福本　（外野フライの目測を誤って）何度も万歳しましたね。慣れるには、毎日、練習ですよ。毎日、1時間、外野ノックを受けていましたから。キャンプだと全体練習は15時半くらいで一旦終わるんで、一度着替えて、16時くらいから、ひたすらノックを受けていました。ノッカーはコーチが交代で務めて、ノック受ける選手は一軍半の若手が３人くらい。それだけ数をこなせば、下手でも上手くなりますよ。１人あたり、２００球くらいのノックを受けるわけですから、毎日こなしていたら勝手に上手くなりますね。前めに守って背走する練習もやりましたし、後ろに守って前めの打球をさばくのと両方ですね。（頭上を）抜かれそうな気がするんですけど追いつけますから、前めに守る方が怖くないですね。とにかく、ノックの数をこなすうちに、（さまざまな打球への対応を）覚えますから。下手やったら、（練習で）上手くなるんですよ。（大事なのは）練習のやり方だけです。

山崎　後方の打球を追う時、背走しつつ、打球から目を切りますよね？

福本　切りますね。で、（背走しながら）背中のはるか上にある打球の行方を頭でイメージしていますね。毎日ノックを受ける中で、打球より少しでも速く落下点に到達して、ボールを待ち構える体勢を取ることを心がけていました。「捕球したらすぐに、送球する」という次の仕事が待っているわけですから。

あまりに数字が低けりゃ、「今年は盗塁王の該当者なし」でええんちゃう？　そういうシステムにしたら、もっと必死になってやると思うよ

山崎　福本さんの不滅のシーズン盗塁記録「１０６」が達成されるより以前であっても、広瀬叔功さん、柴田 勲さんといった韋駄天の皆さんが70、80という盗塁数を記録していました。ところが、昨今の球界では、40以下の盗塁数でもタイトルが獲れる時代です。

福本　それくらいの数字なら、盗塁王ちゃいますよ！　やっぱり、盗塁王は「キング」なんですから、今の試合数から逆算して、最低でも１／３以上、50個は盗塁せなアカンやろ。ホームラン王にしても昔は最低40本以上は打ってはったから、30本くらいじゃ「キング」を名乗るのは恥ずかしいやろっていうね。あまりに数字が低けりゃ、「今年は盗塁王の該当者なし」でええんちゃう？　そういうシステムにしたら、もっと必死になってやると思うよ。

山崎　バッティングは3割打てれば超一流なのに、盗塁は失敗したらダメという風潮があるように感じます。そのあたり、厳しくないですか？　盗塁に失敗するとスタンドから「あ～あ」みたいな声が上がったり。

福本　そもそも、盗塁の成功率１００％の選手なんておらへんて。まぁ、失敗すればチャンスを潰すし、逆に成功すればチャンスが広がるわけやから。ただ、そこは勝負ですよ、やっぱり。成功率だけにこだわって、（盗塁しやすい）ええ時だけ走るならナンボでも成功します。

山崎　福本さんは「盗塁するなら初球か2球目」だったと聞きます。

福本　さっさと走らないと、西本さんに怒られますから。「お前、早いカウントで走らんと2番打者に迷惑かけ

るやろ。お前のスタートを待ってるうちに追い込まれたら、大熊が困るやろ！　ヒット打てりゃいいけど、三振したらお前の責任やぞ。早く走ったらんかい！」と怒られたんで、スタートは初球か2球目でした。

山崎　厳しい（苦笑）。福本さんほどの記録ホルダーなら、今の感覚なら（ランナーの権限で自由に盗塁できる）グリーン・ライトが普通じゃないですか。早いカウントだと、バッテリーの警戒度もマックスになります。

福本　そこをあえて行くんです。警戒をかいくぐってセーフになると、それがまた快感なんですよね。僕が塁上にいて早いカウントなら、（スローイングしやすいように）相手のキャッチャーも半分立っていますから（笑）。（ちゃんとスタートが切れたら）それでもセーフになるんですよ。（タイミングが合わなければ）スタートはやめたらいいだけで。ノムさんがゲームにクイック・モーションを導入して、しばらく盗塁できない期間があって「クイック・モーションに惑わされると、スタートが半呼吸遅れるわ」と思いましたけど、それでも僕は（クイック・モーション突破のセオリーを）見つけましたから。よく「癖を盗め」とか言いますけど、ピッチャーのモーションがクイックだろうとボールを長く持とうが、投げ始めてからのリズムとタイミングは一緒なんですよ。

福本 豊（ふくもとゆたか）／大阪府大阪市出身。1947（昭和22）年11月7日生まれ。1969（昭和44）年、大鉄高から松下電器を経て、ドラフト7位で阪急ブレーブスに入団。現役通算成績は、2401試合に出場、2543安打、打率.291、208本塁打、884打点、1065盗塁。2年目の1970（昭和45）年に盗塁王のタイトルに輝き、以降13年連続で盗塁王を獲得し、「世界の盗塁王」と謳われた。MVPも受賞した1972（昭和47）年には、シーズン106盗塁を記録。通算1065盗塁は当時の世界記録にして、今なお日本記録として燦然と輝く。通算三塁打115本、初回先頭打者本塁打の通算43本も日本記録。同期入団の山田久志と同じく、阪急ブレーブスのラスト・イヤーの1988（昭和63）年限りで現役引退。その後はオリックスブレーブスで一軍打撃コーチ、二軍監督、阪神タイガースで一軍打撃コーチを務めた。2002年野球殿堂入り。

名球会、伝説の名選手たちの肖像

山田久志

対話&撮影　山崎二郎　文　吉里　爽　編集協力　菊地伸明（未来サポート）

投手は２００勝または２５０セーブ、打者は２０００安打を記録した名選手が集う名球会。一握りのトップ・プレイヤーのインタヴュー連載。今回は１９６９年に阪急ブレーブス（現・オリックス・バファローズ）に入団以来、19年の現役生活で、通算２８４勝を記録した山田久志投手にご登場いただいた。

「プロ野球ってこんなもんか」と少し天狗になってた感じだけど、鼻っ柱をへし折られたから

山崎 山田投手の長い現役生活の中でベスト・シーズンと言えば、26勝をあげた１９７６（昭和51）年でしょうか？

山田「前期後期制」という当時のシステムだとシーズンが前半と後半に分かれるから、1年通して活躍したっていう実感が湧かないんだよね。確か、１９７６（昭和51）年、１９７７（昭和52）年、１９７８（昭和53）年と、３年連続でＭＶＰをもらったんだっけね。ＭＶＰ３年目の１９７８（昭和53）年の成績はどうだったんだろう？

山崎 その年は、18勝4敗、４セーブですね。勝率・８１８です！ 投球回数が２１９.２でした。

山田 何で20勝できなかったんだろう？ リリーフでの登板が多かったからかな？ この年は、ひとりで投げていた気がするね。中４日で先発、なおかつリリーフ兼務だった私は（リーグ内でも）異色やったね。他球団のエース・クラスもそこまでは投げていなかったから。その年は特に印象に残っているね。

山崎「ピッチャーで3年連続ＭＶＰ」を達成されたのは、後にも先にも山田投手だけ。これほどの好成績を３年連続で記録すること自体、今では考えられないレヴェルです。ちなみに、中４日で先発で投げつつ、リリーフもこなしていた当時、どんなコンディショニングをされていたのでしょうか？

山田 これといった特別な調整法はなかったね。先発の前日も、常にベンチに入っていたし。プロ入り4年目の（先発、リリーフに大車輪で投げていた剛腕投手の山口）高志がちょうど疲労のピークで調子を落としていたから、自分がリリーフも頼まれたんだと思う。そういう意味で、このシーズンは印象深かったね。シーズンで26勝して、日本シリーズで王 貞治さんにサヨナラホームランを打たれた１９７１（昭和46）年もよく覚えているけど、達

成感という意味では、大車輪で投げまくったＭＶＰ3年目の１９７８（昭和53）年の方が勝るかな。

山崎　その翌年も、21勝5敗、勝率・８０８というすごい成績で（笑）。優勝さえしていれば「4年連続ＭＶＰ」は確実だったかと思います。話が少し遡りますが、もはや伝説になった、１９７１（昭和46）年の日本シリーズで王 貞治さんに打たれたサヨナラスリーランですが、投げたのはストレートだったんですか？

山田　そう。3球ともストレート。ちょっと低かったね。逆球とは言え、王さんはうまく打ったよね。

山崎　打たれた後、抱き抱えられるようにマウンドを降りた姿が印象に残っていますが、あの場面以外で、あれほど落胆した、うちひしがれた一打ってありますか？

山田　いや、あれが最悪です。（自分が打たれての）サヨナラ負けは何度かあるけど、あれ以上のものはないです。あまりのショックで膝や腰に力が入らない、マウンドで立ち上がれないというシチュエーションは、私の野球人生で後にも先にも王さんにサヨナラホームランを打たれたあの時だけ。

山崎　映像を見る限り、王さんへの1球は失投ではない気がしますが？

山田　いや、ちょっと甘かったでしょう。王さんはうまく打っていますよ。（タイミングは）ドンピシャですもんね。もうちょっと高めなら、フライアウトにできたかもしれないけど。低めのあのあたりだと、王さんは許してくれないよね。シンカーを覚える前で、球種もまっすぐとカーブしかなかったからね。でも、あれはあれでいいんですよ。当時、「プロ野球ってこんなもんか」と少し天狗になっていた感じだけど、鼻っ柱をへし折られたから。あれから、やっぱり練習したもんね。

身体が元気で余力がある若い時期にたっぷり投げ込んで、安定したフォームという財産を作らないといかんね

山崎　アンダースローという投げ方自体が腰に負担をかけると言われていますが、実際のところはどうだったんでしょうか？

山田　一般的なアンダースローと比べても、私の投げ方は腰に負担をかけるフォームだったと思うね。私の場合、高校2年の秋からピッチャーを始めて、アンダースローで投げ始めたのは社会人になってからだから。アンダースローを急に始めたから、かなり腰に負担がかかったのかなと。思えば、フォームに問題があったんだね。

山崎　腰痛の治療のためにプロ入りの時期を遅らせた話が知られていますが、プロ入り後も腰痛で苦しんだことはありましたか？

山田　うん。何回もある。今も腰が痛いし（苦笑）。プロ入り後も、いろんなところで治療したね。あちこちを訪ねたけれど、「この腰でよくプロ野球選手をやれているな」と言われることが圧倒的に多かったよね。

山崎　腰痛以外に、肩や肘の故障はありましたか？

山田　肘（の負傷）は1回かな。肩はないです。

山崎　その時は、どんな治療をされたんでしょうか？

山田　ちょうど同時期に肘痛で苦しんでいた阪神タイガースの江夏　豊の紹介で、阪神のエースと阪急のエースが雁首並べて同じ病院を訪ねたという（笑）。先生が注射を打って「しばらく安静にして待っとけ」と言われて。

痛みは和らいだけれど、完治はしなかったね。やっぱり、肘だけは万全にはならなかった。加えて負担がかかるのは、肘から下の前腕だよね。オーヴァーハンドが肩を支点に投げるフォームなら、アンダーハンドは肘を支点に投げるから。

山崎　さまざまなトレーニングが選択可能な時代だからこそ、名選手の皆さんの練習法をご紹介したく思っています。通算20年にわたって現役で活躍できたコンディショニングの秘訣などを、ぜひお聞かせください。

山田　昔ながらの練習法ですよ。走る、投げるというね。それしかないね。今の球界は「投げ過ぎはいかん」とか、「過度な走り込みは不要」とか、そういう風潮にあるけれど、科学的に分析すればそれも一理あると思うんですよ。ただ、黒田博樹、山本　昌なり、若い世代も含めて名球会のメンバーでいろいろ話すと、みんな（球数を）投げていますよ。若い時に、いわゆる「投げ込み」をたっぷりやっていますね。それが財産になって、長い年月をプロで戦えたというね。若い時期に自分のベース（基礎）になるフォームを作り上げておけば、ヴェテランになってからは「調整」で整えればいいわけだから。フォームが固まっていない若手選手が完成されたヴェテラン選手と同じ調整をしてもまったく意味がないよね。私は決して、極端な「投げ込み推奨派」じゃないんですよ。ただ、身体が元気で余力がある若い時期にたっぷり投げ込んで、安定したフォームという財産を作らないといかんね。球数制限が叫ばれて、高校、大学、社会人でもアマチュアのピッチャーたちも投げ込みをしない風潮になっているけれど、自分は「ちょっと待てよ」というスタンスでね。言葉は悪いけど、自分のアマチュア時代を省みれば、「アホほど」投げさせられてるよ（笑）。

山崎　やはり、豊富な投げ込み量から無理のないフォームが出来上がったということでしょうか？

山田　無理のないフォームというより、自分の身体の理にかなったフォームができるんですよ。自分自身が一番投げやすい、自分だけのフォームにたどり着けるというかね。私の場合、「速いボールを投げたい！　速いボールを投げるには、どうしたらいいんやろ？」という気持ちがベースにあって、ああいう反動を利したフォームになった感じだね。

山崎　現役時代はオーヴァースローだったコーチだと、アンダースローのピッチャーには教えにくいのかなと。腰や肘以外にも負担が来る部位はありますか？

山田　独特の身体の使い方だから、アンダースロー経験者じゃないと教えにくいよね。まず、投げはじめて（負担がくるのは）右の膝だね。ステップして着地したら、左の膝だね。（苦しんだのは）左膝の痛み、最終的には左のアキレス腱ですね。名球会メンバーのピッチャーのフォームを映像で見ると、みんな（前足の）踏み込みがいいんだよね。その分、膝やアキレス腱を傷めた人が多いね。

山崎　投球時のステップ幅は、現役生活の終盤になってもキープできましたか？

山田　私の場合は、現役の最後まで６足でずーっと変わらず。26・5〜27㎝のスパイクを作ってもらっていましたけど、ステップ幅は現役の最後まで変わらなかったですね。ステップ幅とフォームをキープした分、（体力が衰える）現役の終盤は身体への負担が大きかったんだと思うね。ただ、僕の場合、膝のバネや強さ、リストの強さであったり、ピッチングに必要な部位の強さは、今思えば、オーヴァースローよりアンダースロー向きだったかも分からんね。もし自分がオーヴァースローなら２００勝ピッチャーには絶対なれてないし、そもそもプロに入っていないですよ。

高めのボール・ゾーンからボールひとつ分落とすようなシンカーを投げていたね。これは誰も投げていなかったし、投げられなかったと思うね

山崎 山田投手と言えばシンカーですが、シュートは投げようとは思わなかったんですか？

山田 私の投げ方でシュートを投げると曲がり過ぎて、バッターに当ててしまうから。それなら、シンカーで落とした方がいいという選択でね。

山崎 ただでさえ下から浮き上がるボールの軌道なのに、一度浮き上がったボールがまた沈むというアンダースローのシンカーはさぞかし打ちづらいだろうなと想像します。

山田 あぁ、難しいだろうね。みんなそう言っていたから。僕がシンカーを投げ始めたのは、プロ入り後５年くらいしてからで……。

山崎 習得するのに、さらに２年ほど要したと聞いています。

山田 自在に操れるレヴェルになるまでは、２年くらいかかりましたね。

山崎 同じシンカーでも幾つかの種類を投げ分けていたそうですが？

山田 黒田が言うところの（右打者の外角のボール・ゾーンからストライク・ゾーンに入ってくる）バックドアを、シンカーで投げたかったのね。それと、「シンカーは低めで落とすもの」という固定概念の裏をかくような、高めのボール・ゾーンからボール１つ分落とすようなシンカーを投げていたね。これは誰も投げていなかったし、投げられなかったと思うね。コースは真ん中高めでいいんですよね。バッターが高めのボールだと思って見逃してくれたら難なくストライクが取れて、マスターすれば何の苦労もなくカウントが稼げる球種だよね。

山崎　シンカーを投げることで、肘への負担は……。

山田　かかります。急に投げれば、肘を傷めます。他の球種とは全然違う肘の使い方をしますから。

山崎　シンカーのマスターによって、15勝前後の一流投手から26勝できる超一流投手にジャンプアップされたということでしょうか？

山田　まさに、シンカーのお陰ですね。決め球に使うのはもちろん、カウントを取るのにも使えたのは大きかったですね。（現役の）最後はもう、シンカー頼りでしたよ（笑）。同じシンカーでもタイプが違えば、違う球種を投げるのと一緒でね。

山崎　チェンジアップ気味にタイミングを外す使い方もあったんですか？

山田　そうです。高めのシンカーは目一杯落とそうとして、力んで投げたらダメなんです。落ちないし、棒球になって打たれるから。少し緩めてちょっと落とす感覚で投げると、ストライクが取れます。

山崎　「ストレートで勝負できる」と思えたのはいつくらいまででしょうか？

山田　（プロ入りして）６年くらいは自信がありましたよ。「困ったら、高めのストレート！」という自負がありましたね。

山崎　もし、ルーキーのアンダースロー・ピッチャーから「山田さんのように、20年現役で投げる秘訣を教えてください！」と言われたら、どう答えますか？

山田　「まぁ、無理だろうな」と答えるかな（笑）。中途半端な覚悟ではできないし、サンプルがいないのと、適切なコーチングができる指導者がいないよね。だから、アンダースローのピッチャーがチームのエースとして活躍するのは、かなり難しい時代なのは間違いないね。アンダースローにはアンダースローの練習法があって、オーヴァースローのピッチャーとはまた違う練習が必要で、鍛える部位が違う。例えば、膝、足首、腰のバネといった部分のどこかひとつが欠けてもダメだね。

山崎　そもそも、関節って鍛えようがないですよね。

山田　だから、関節の周りの筋肉を鍛えなあかんね。大事なのは、柔軟性と強さの双方ね。昨今のアンダースローのピッチャーのほとんどが（下半身の）柔らかさはあるんですよ。ただ、柔らかさだけじゃなく、筋肉の強さも含めたメリハリがないとダメなんですよ。今で言う「体幹の強さ」がなければ、アンダースローの速球派にはなれないよね。

山崎　体幹はウェイト・トレーニングだとなかなか鍛えづらい部位ですよね。

山田　アンダースローのピッチャーがウェイト・トレーニングをするのはダメ。ウェイトで付けられるパワーっていうのは「投げるパワー」とは違うからね。たくさんボールを投げない限り、「投げるパワー」は付かないですよ。

山田久志（やまだひさし）／秋田県能代市出身。１９４８（昭和23）年7月29日生まれ。秋田県立能代高校卒業後、社会人野球の富士製鉄釜石に入社。１９６９（昭和44）年、前年のドラフト1位指名を経て、阪急ブレーブスに入団。通算成績は６５４試合登板、２８４勝１６６敗43セーブ、防御率３．１８。１９７６（昭和51）年より史上初の３年連続ＭＶＰに輝き、日本記録となる12年連続開幕投手を達成するなど、名実ともに阪急ブレーブスのエースとして活躍。美しく華麗なフォームから高めにホップする快速球を投げ込み、「史上最高のサブマリン」と称された。１９８８（昭和63）年、現役引退。１９９４（平成６）年から3年間、オリックス・ブルーウェーブの投手コーチを務めチームの日本一に貢献。１９９９（平成11）年には星野仙一監督から請われ、中日ドラゴンズの投手コーチに就任。ヘッドコーチを経て、２００２（平成14）年より2年間、監督を務める。２００９（平成21）年、ＷＢＣ日本代表チームの投手コーチに就任。２大会連続の優勝に大きく貢献した。

“コンピレーションCDシリーズ『middle & mellow』計8タイトルがリリース中です”

選曲＆監修・山崎二郎（ステッピンアウト！）jiroyamazaki

〈Amazon Music〉、〈Apple Music〉、〈AWA〉、〈Spotify〉のサブスクリプションでプレイリスト公開中

what is middle & mellow?

R&B、ヒップホップ、J-POP、昔の音源など、ジャンルを横断して、middleまたは、mellowをキーワードに紹介。70年代、シティ・ポップスを聴いていた世代、80年代、AORに馴染んでいた世代、90年代、「渋谷系」にハマっていた世代、そして、今のサブスクリプション世代と、同じビート感を通して、異なったジェネレーションが、良い音を共有できれば、サイコーです。

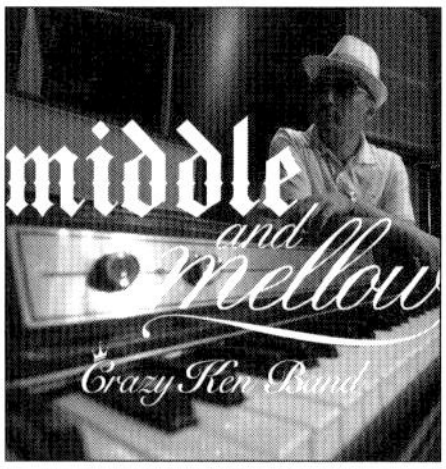

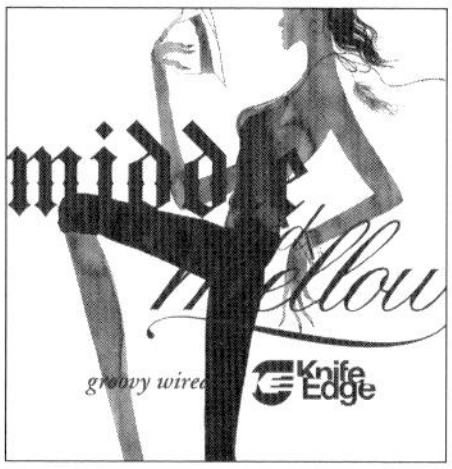

『middle & mellow of Crazy Ken Band』

〈Almond Eyes〉XNAE-10018　2,520円(税込)

『ZERO』収録の「ハマ風」の新ヴァージョン「ハマ風～for middle & mellow～」、DJ KENTA MIXの「タオル×音楽力(DJ KENTA Summer Breeze Mix From CONTRAX)」も収録。加えて、「ヨコスカンショック」のライヴ・ヴァージョン、「7時77分」の新ナレーション・ヴァージョンと、初音源も！

『middle & mellow of Happiness Records』

〈Long Happiness / Happiness Records〉HRAD-00036　2,520円(税込)

Saigenji、流線形が所属する、サウダージ感溢れるサウンドをリリースするレーベル〈ハピネスレコード〉の楽曲からチョイス。他、OUT OF SIGHT PRODUCTS、amor fati、Carnival Balloon、JUA、dahliaの楽曲を収録。

『middle & mellow of toko furuuchi』

〈ポニーキャニオン〉　PCCA-02858　2,625円(税込)

デビュー25周年を迎えた古内東子。2003～2005年、〈ポニーキャニオン〉からリリースされた楽曲から選曲。CMで使用された「Beautiful Days」が収録されています。

『middle & mellow of Universal Music』

〈Universal Classics & Jazz〉　UCCU-1215　2,520円(税込)

インディア・アリー、クイーン・ラティファ、ジャザノヴァ、セルジオ・メンデス、ボーイズIIメンetc…と、豪華なアーティストの楽曲を誇る〈Universal Classics & Jazz〉の音源を中心として選曲したオムニバス・アルバム。

『middle & mellow of Asako Toki』

〈LD&K〉　202-LDKCD　2,415円(税込)

アルバム『SAFARI』が好評の土岐麻子。〈LD&K〉、〈エイベックス〉とレーベルをまたいでの選曲です。

『middle & mellow of P-Vine Records』

〈P-VINE〉　PCD-93241　2,415円(税込)

数多くの豊富な音源の中から洋楽R&Bを中心とした選曲です。

『middle & mellow : groovy wired of Knife Edge』

〈Knife Edge / ポニーキャニオン〉　PCCA-02996　1,980円(税込)

全13曲中8曲が新録音！　L & J、GAGLE、KOHEI JAPAN、COMA-CHI、Jazztronik、TWIGY、BUZZER BEATS、Home Grown、Bonnie Pink、MIka Arisaka、Momoe Shimano、YOUNGSHIM、Romancrewの楽曲で構成です。

『middle & mellow of paris match』

〈ビクターエンタテインメント〉　VICL-64550　2,592円(税込)

2015年、デビュー15周年を迎えたアニヴァーサリーでリリース。初のオール・イヤー、オール・レーベルからの選曲です。

INFORMATION

STEPPIN' OUT!　ステッピンアウト！

facebook : @steppinoutmagazine　Instagram : magazinesteppinout　twitter : @OutSteppin

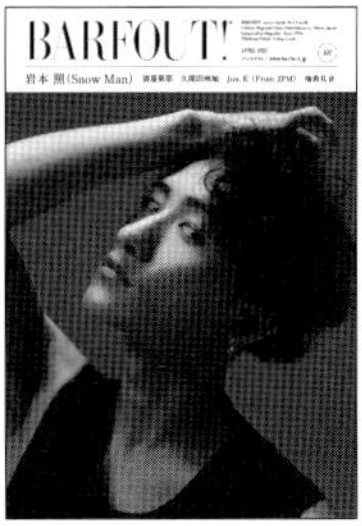

BARFOUT!　バァフアウト！

1992年創刊以来29年、新しい世代の表現者を「批評」するのではなく、「応援」するカルチャー・マガジン。毎月19日発売(月により変動します)。

facebook : @barfoutmagazine

Instagram : barfout_magazine_tokyo

twitter : @barfout_editors

Brown's Books & Café　ブラウンズブックス&カフェ

音楽、演劇など街ごとカルチャーな下北沢。平日は『ステッピンアウト！』、『バァフアウト！』編集部が土日はブック・カフェに。山崎二郎の本棚がそのまま展開。全て販売もしています。

営業時間 13:00 ～ 20:00　TEL.03-6805-2640

facebook : @brownsbooksandcafe　Instagram : brownsbooksandcafe

twitter : @BrownsBooksCafe

JIRO YAMAZAKI　山崎二郎

facebook : @ jiroyamazaki　Instagram : jiroyamazaki

PRESENT

1. 江口洋介　(サイン入りチェキ１名様)

2. きたろう　(サイン入りチェキ１名様)

3. 竹中直人×山田孝之×齊藤 工　(チェキ１名様)

このページ左下の「プレゼント応募券」を貼り、①お名前、②ご住所、③お電話番号またはメイル・アドレス、④この号を読んだご感想、⑤上記のご希望のプレゼント番号を、郵便はがきにご記入の上、以下の住所までご応募ください。抽選でご希望のプレゼントをお送りします（発表は発送をもって代えさせていただきます）。

ご記入いただいた個人情報は、プレゼントの発送のみに利用し、外部に提供することはございません。アンケートの内容は編集参考資料とさせていただきます。

締切／ 2021年6月7日消印有効

応募先　〒155-0032　東京都世田谷区代沢5-32-13-5F

ステッピンアウト！2021年6月号プレゼント係　宛

NEXT ISSUE

次号のステッピンアウト！ 2021年8月号は2021年6月7日発売予定です。西田尚美×市川実和子が登場。その他、内容は決まり次第SNSでアップしていきますので、是非見てみてください

STEPPIN' OUT!
JUNE 2021
プレゼント応募券

STEPPIN' OUT!®

ステッピンアウト！ JUNE 2021 VOLUME 18

EDITOR　堂前 茜　岡田麻美　松坂 愛　多田メラニー　上野綾子
DESIGNER 山本哲郎
PRINTING　株式会社 シナノパブリッシング プレス

STEPPIN' OUT! ステッピンアウト！ JUNE 2021 VOLUME 18
2021年4月7日第1刷発行　ISBN　978-4-344-95408-3　C0070　￥600E
発行：株式会社ブラウンズブックス 〒155-0032　東京都世田谷区代沢5-32-13-5F
tel.03-6805-2640, fax.03-6805-5681, e-mail mail@brownsbooks.jp
Published by Brown's Books Co., Ltd. 5-32-13-5F Daizawa, Setagaya-ku, TOKYO,JAPAN. Zip 155-0032
発売：株式会社 幻冬舎　〒151-0051　東京都渋谷区千駄ヶ谷4-9-7　tel.03-5411-6222, fax. 03-5411-6233

NEW RELEASE

ブラウンズブックスのグッズができました！

第一弾はＴシャツとトートバッグ。

デリグラフィックス（www.deli-graphics.com）にて発売中です。

【デリグラフィックス　BARFOUT!】で検索

T-Shirt
BARFOUT!
BLACK / WHITE
XS-XL
（3,900yen）（税込）

Tote-Bag
BARFOUT!
NATURAL
MEDIUM / LARGE
（2,400yen）（税込）

T-Shirt
STEPPIN' OUT!
BLACK / WHITE
XS-XL
（3,900yen）（税込）

Tote-Bag
STEPPIN' OUT!
NATURAL
MEDIUM / LARGE
（2,400yen）（税込）

T-Shirt
Movilist
BLACK / WHITE
XS-XL
（3,900yen）（税込）

Tote-Bag
Movilist
NATURAL
MEDIUM / LARGE
（2,400yen）（税込）

T-Shirt
Photograph
WHITE
XS-XL
（3,900yen）（税込）

Tote-Bag
Photograph
NATURAL
MEDIUM / LARGE
（2,400yen）（税込）

※すべて別途送料がかかります

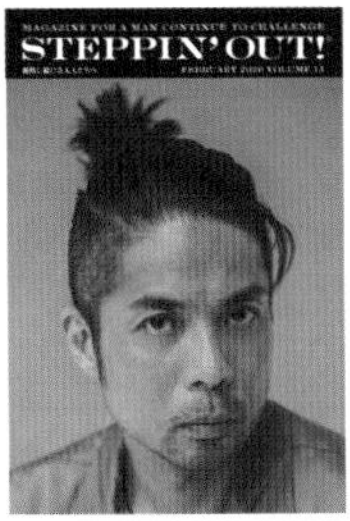

STEPPIN' OUT!
FEBRUARY 2020
VOL.11 980円(税抜)

COVER STORY /
久保田利伸

市村正親、江口洋介、大沢たかお、藤木直人、永野

STEPPIN' OUT! presents Movilist
ムーヴィリスト、沖縄・西表島、竹富島を往く、星野佳路（星野リゾート代表）

STEPPIN' OUT!
APRIL 2020
VOL.12 600円(税抜)

COVER STORY /
東山紀之

寺脇康文、永瀬正敏、織田裕二、吉田栄作、大泉 洋×小池栄子

STEPPIN' OUT! presents Movilist
ムーヴィリスト、冬の青森を往く

STEPPIN' OUT!
JUNE 2020
VOL.13 600円(税抜)

COVER STORY /
岡田准一

ASKA、石橋蓮司、伊東輝悦、田中 泯、玉木 宏、常盤貴子

STEPPIN' OUT! presents Movilist
ムーヴィリスト、初春の松江、出雲を往く

STEPPIN' OUT!
OCTOBER 2020
VOL.14 600円(税抜)

COVER STORY /
妻夫木聡

岡本健一、緒川たまき、窪塚洋介、小泉今日子、豊原功補、仲間由紀恵、行定 勲

STEPPIN' OUT! presents Movilist
鈴木理策、佐久間由衣、ムーヴィリスト、那須高原を往く

STEPPIN' OUT!
DECEMBER 2020
VOL.15 600円(税抜)

COVER STORY /
堤 真一

黒沢 清×蒼井 優、升 毅、豊原功補、小泉今日子、中村獅童、井浦 新

STEPPIN' OUT! presents Movilist
佐久間由衣、星野佳路（星野リゾート代表）、ムーヴィリスト、金沢を往く

STEPPIN' OUT!
FEBRUARY 2021
VOL.16 600円(税抜)

COVER STORY /
東山紀之

木﨑賢治、横山 剣（クレイジーケンバンド）、鈴木保奈美、トータス松本、吉田 羊

STEPPIN' OUT! presents Movilist
ムーヴィリスト、11月の軽井沢を往く

STEPPIN' OUT!
APRIL 2021
VOL.17 600円(税抜)

COVER STORY /
役所広司

宇崎竜童、草刈正雄、坂本昌行、西川美和、菅野美穂、峯田和伸、広末涼子

STEPPIN' OUT! presents Movilist
ムーヴィリスト、冬の沖縄、小浜島を往く

Movilist ACTION 1
980円(税抜)

COVER STORY /
1984年と2014年。『VISITORS』から『MOVILIST』へ。佐野元春と往くニューヨーク

波瑠、大谷健太郎、安藤美冬、木村文乃、江口研一、大沢伸一、若旦那、他
ESSAY / 江 弘毅、谷中 敦（東京スカパラダイスオーケストラ）

Movilist ACTION 2
980円(税抜)

COVER STORY /
『ナポレオンフィッシュと泳ぐ日』から『BLOOD MOON』へ。1989年と2015年。
佐野元春と往くロンドン

江 弘毅、山崎二郎、佐々部 清、市川紗椰、今井美樹、安藤美冬、江口研一、永瀬沙代

Movilist ACTION 3
980円(税抜)

COVER STORY /
A Treasure Found in Iriomote Island, Okinawa 柚希礼音、沖縄・西表島で休暇を過ごす

波瑠、大谷健太郎、笹久保 伸、タクシー・サウダージ、山崎二郎、木村文乃、永瀬正敏、本田直之

BACK NUMBER

STEPPIN' OUT!
WINTER 2008
VOL.1 1,000円(税抜)

COVER STORY /
横山 剣（クレイジーケンバンド）

宇崎竜童、大沢伸一、奥田民生、辻 仁成、童子-T、長谷川京子、ポール・ウェラー、リリー・フランキー

STEPPIN' OUT!
SPRING 2009
VOL.2 952円(税抜)

COVER STORY /
松任谷由実

吉井和哉、紀里谷和明、工藤公康（横浜ベイスターズ）、辻 仁成、冨田恵一、ムッシュかまやつ、横山 剣（クレイジーケンバンド）

STEPPIN' OUT!
SUMMER 2009
VOL.3 1,238円(税抜)

COVER STORY /
矢沢永吉

ウィル・アイ・アム（ブラック・アイド・ピーズ）、工藤公康（横浜ベイスターズ）、竹中直人、小宮山 悟（千葉ロッテマリーンズ）、紀里谷和明、石井琢朗（広島東洋カープ）

STEPPIN' OUT!
WINTER 2010
VOL.4 1,429円(税抜)

COVER STORY /
鈴木雅之

大瀧詠一、小林和之（EPICレコードジャパン代表取締役）、田代まさし 、丹羽昭男（エス・エス・エスシブヤ楽器代表取締役）、槇原敬之、山口隆二（元〈ルイード〉代表取締役）、湯川れい子、浅野忠信、小久保裕紀（福岡ソフトバンクホークス）、辻 仁成、トム・フォード、バッキー井上、本木雅弘、山崎武司（東北楽天イーグルス）

STEPPIN' OUT!
JANUARY 2019
VOL.5 1,200円(税抜)

COVER STORY /
大泉 洋

渡部えり、時任三郎、SHERBETS、小宮山 悟、遠藤憲一、中村紀洋、古田新太、新羅慎二（若旦那）、塚本晋也

STEPPIN' OUT! presents Movilist ムーヴィリストというライフスタイル〜福岡・上五島編 BLACK & WHITE MEMORIES OF TURKEY by 永瀬正敏

STEPPIN' OUT!
MARCH 2019
VOL.6 1,200円(税抜)

COVER STORY /
安田 顕

奥田瑛二、三上博史、香川照之、永瀬正敏、藤倉 尚、大森南朋、安藤政信、鈴木尚広

STEPPIN' OUT! presents Movilist ムーヴィリスト、冬の長崎〜熊本を移動し、愉しむ

STEPPIN' OUT!
JUNE 2019
VOL.7 980円(税抜)

COVER STORY /
スガ シカオ

滝藤賢一、谷中 敦（東京スカパラダイスオーケストラ）、原 恵一、亀田誠治、SODA！、上川隆也、長谷川京子

STEPPIN' OUT!
AUGUST 2019
VOL.8 980円(税抜)

COVER STORY /
三上博史

高橋源一郎、近田春夫、宮沢和史、ノーマン・リーダス、武田大作、多村仁志

STEPPIN' OUT! presents Movilist ムーヴィリスト、尾道、会津、松山を往く、ムーヴィリスト、金沢を往く

STEPPIN' OUT!
OCTOBER 2019
VOL.9 980円(税抜)

COVER STORY /
オダギリ ジョー

橋爪 功、北大路欣也、柄本 明、舘ひろし、横山 剣（クレイジーケンバンド）、中井貴一、唐沢寿明、吹越 満、沢村一樹、渡部篤郎 STEPPIN' OUT! presents Movilist ムーヴィリスト、北海道を往く featuring 広瀬すず

STEPPIN' OUT!
DECEMBER 2019
VOL.10 980円(税抜)

COVER STORY /
佐野元春

瀬々敬久、松重 豊、松尾スズキ、仲村トオル、坂井真紀、西島秀俊、白石和彌、窪塚洋介

STEPPIN'OUT! presents Movilist ムーヴィリスト、東山、富良野、稚内、沖永良部島を往く

目的地の観光地を回るだけでなく、飛行機やクルマ、電車、バスなどの移動時間も含めてが旅。むしろ、流れゆく景色を見やりながら、思考を巡らせ、とびっきりのアイデアが浮かぶ移動時間こそ、何より掛け替えのないこと。また、行く前に時間も行程も目的地の情報も全てインプットし、ややもすると、現地では「感じる」でなく「確認」に止まってしまう旅をしがちの昨今。となると、電車の接続の待ち時間や不慮な運行中止などにイラついたりしてしまう。が、日常の中なら、都市の中なら、ほとんど計算通りに運ぶだろうが、アクシデントや予想つかない出来事に遭遇することこそ、日常を離れた場所に身を置く旅の醍醐味ではないか？　すべてが事前調べの確認に終始したら味気ないではないか？　そこで提唱したいのが、「Movilist（ムーヴィリスト）」という新しい旅のスタイル。先に挙げたように、移動を含めて、いや、むしろ、移動をメインにした旅のスタイル。予期せぬことが起きることをむしろ歓迎する旅のスタイル。「Tourist（ツーリスト）」ならぬ、Move 移動する人で「Movilist（ムーヴィリスト）」。非日常なのだから、ひょっとしたら二度と来ることがないかもしれない土地で、思い切り感じていたいではないか？　時には自分と向き合い、気づきを得る瞬間こそ宝物ではないか？

前号で移動＝旅でなく、移動＝生活という、二拠点生活への転換を考えてみた。大都市から地方への移住はコロナ禍以降、飛躍的に増えているが、コストの面が大きい二拠点生活はまだハードルが高い。週末にリラックスする別荘と違い、平日に集中して仕事をし、逆に週末に都市に戻りエンターテインメントを楽しむスタイル。実際に行動を始めてみた。まずは場所。自分が住んでいる東京との移動のアクセスがよく、都市との二拠点なのだから、思い切り自然を感じさせる土地。自分は海でなく、山、川派なので、この時点で大まかに絞られる。できれば川の近くがベスト。クルマを運転しないので、電車で容易に行けるところかつ、駅から近い土地。そして、大東京の大地震が叫ばれる今、地震に強い土地というのも、リスク・ヘッジとして大きいポイント。いざとなったら、大事な方々もそこへ避難できるような。こうして列記してみると、要望ハードルが高い高い。っていうか、値段も高いんじゃ？　それでは、実現度が一気に低くなる。土地代が安いことが、この二拠点生活をおこなえる条件なのだから。じっくりとゆっくりと探しますか、的なのでは、我々『ステッピンアウト！』世代は時間の猶予はないはず。何より、パンデミックを経て、ライフスタイルは変化せざるをえないことを早く認め、クイックに新しい地平への行動を起こすことが肝要なのだから。二度と戻れない「今」という時間を「我慢」に費やしてはいけない。我々はサヴァイヴしていくのだ。これからも。

ムーヴィリストというライフスタイル

第12回

文　山崎二郎　画　早乙女道春

1500本の桜を有する嵐山を映した上用饅頭「桜川」と、自分で点てた抹茶を味わえば、一気に心安らぐ空間に

開催中〜 4/10 まで

「さくらテラス」

桜の開花時期にのみ登場する1日1組限定・貸切の「さくらテラス」では、頭上にはしだれ桜、対岸には小倉山の桜と風光明媚な景色を堪能できる。ソファのあるウッドデッキ・タイプに加え、畳タイプのテラスでは寝転がって桜を見上げる贅沢も。夜には彩り豊かな春の食材を使用した松花堂弁当を食しながら、ライトアップされた幻想的な夜桜を楽しむのも風情がある。

料金／1名（14,000yen）税・サービス料、宿泊料別、「山の端メゾネット」宿泊者限定
時間／ 15:00 〜翌 12:00
含まれるもの／さくらテラス貸し切り、松花堂弁当（夕食）、朝鍋（朝食）、抹茶、和菓子
公式サイトにて7日前まで受付

「奥嵐山の花見舟」

〈星のや京都〉専用の屋形舟「翡翠」から奥嵐山の桜を愛でる、宿泊者限定の特別なお花見体験。桜の季節は例年賑わう嵐山だが、密を避け大堰川の上からゆったりと一望できる特別なひと時を。

料金／1組（30,000yen）税・サービス料、宿泊料別、最大4名まで
時間／ 11:20 〜 12:00
含まれるもの／屋形舟「翡翠」の貸し切り、ロゼスパークリングワイン、和菓子
公式サイトにて7日前まで受付

5/10 〜 6/14 まで

「新緑の青空狂言」

美しい木々が生い茂る「奥の庭」では、歴史ある〈茂山千五郎家〉の狂言師が講師となる人気のアクティヴィティを3年連続で開催。演目の鑑賞後に基本姿勢などを習ったら、「大笑い」の型をいざ実践！森林浴をしながら伝統芸能に触れる一風変わった体験で、心も身体もリフレッシュ。

時間／ 10:00~11:00（毎週月曜日のみ）
対象／宿泊者限定、定員8名
公式サイト、またはフロントにて前日 20:00 まで受付

〈星のや京都〉

小倉山と嵐山の渓谷に佇む〈星のや京都〉は、築約100年の旅館を改装した“水辺の私邸”がコンセプトのリゾート。日本の伝統技法を用いつつ和×洋の趣向の凝らした空間は、24時間利用可能な「ライブラリーラウンジ」をはじめ、客室など随所に広がる。その昔、平安貴族が和歌に興じたという大堰川を舟で遡って訪れるスタイルも一興。自然が生み出す色彩や香り、音、温度など絶えず五感を刺激される旅になりそうだ。

京都府京都市西京区嵐山元録山町11-2
tel. 0570-073-066（星のや統合予約）
料金／（109,000yen ～）（1室1泊あたり、食事別、税・サービス料10%別）
アクセス／阪急嵐山駅より徒歩約10分、京都南ICより車で約30分
他、詳細はhoshinoya.com/kyotoまで

〈星のや〉

圧倒的な非日常感に包まれる、日本発のラグジュアリー・リゾート。その土地の文化を施設内で色濃く表現しながら、顧客に圧倒的な非日常感のある滞在と日本のホスピタリティをベースにしたおもてなしを提供することを大切にしている。国内6施設、海外2施設を展開。

㉙

㉚

㉛

㉜

もひとりで静かに、まさに自然に囲まれた舟の上で抹茶を点てるひとときがなんとも愛おしい。通年おこなっているこの舟遊び。夏の夕方にお酒を飲みながらなんていうのも想像するだけでワクワク。どうでしょう？　たった一泊なのに、この充実したアクティヴィティの数々。普段体験できない、日本の伝統文化を味わうことができる至福。一泊と言わず、此処でしばし滞在するのも良いではないか？　まさに喧騒から離れ、自分と向き合うことができる時間。自然とスマホやネットをチェックしようと思わない。五感が開放されることこそ、最高の大人の贅沢だから。さぁ、貴方も思い立ったら、移動してみよう。新しい発見が必ずあるのだから。それは、このような状況の今こそ、だ。

㉕

㉖

㉗

㉘

薄味ながら旨味が詰まった出汁でいただくのも贅沢㉚。食事が終わると共に雪は止むといういい流れ。というのも、最後のアクティヴィティは、昨年完成した屋型船「翡翠」を借り切っての舟遊びが予定していたからで。舟に乗ると、なんと陽が差すという最高さ。それを屋根が透明になったり白くなったり自在にできる設計ゆえ、川幅が広い渡月橋付近では白くして、翡翠色の水面を楽しみ、川幅が狭くなる上流では、透明にして山々や空を見上げて楽しめるという、まさに移動時間を楽しむムーヴィリストのためにあるような㉛。京都の職人の手仕事や素晴らしさを堪能できるデザインも、細部に至るまで言葉にならない美しさ。なんと、ここでも抹茶を自分で点てて味わうサーヴィスが㉜。貸切ゆえの贅沢に

㉑

㉒

㉓

㉔

きと感動を同時に味わうことができました。それは、まさに〈星のや〉の姿勢を体現。「水の庭」はまたも、色彩を変えており、しばし眺め㉗。客室に戻り、洋室のソファに座り、日本酒でアフター・ディナーを愉しんだのは言うまでもない。一夜明けてサプライズ。なんと、外を見たら雪が舞っているではないか㉘。それを和室から眺めるのはまさに借景。

これだから冬の京都は素晴らしい。朝食前に、凛とした空気の中、呼吸法を重視した体操をおこなうアクティヴィティ「水辺の深呼吸」は雪ゆえに、室内「Salon & Bar 蔵」にて㉙。天井高い蔵の心地よさを感じられ、これはこれで嬉しい誤算。身体を動かすとご飯が美味しい。客室の和室で、それこそ雪を眺めながらいただくのは朝鍋。野菜ときのこを

⑰

⑱

⑲

⑳

わい深く⑳。「水の庭」もライトアップされ素敵㉑。いよいよ夕食。会席料理名は「五味自在」。八寸は蟹とチェダー・チーズを合わせた松風寄せや、百合根生地に氷餅をまぶし、そこにココナッツ・ミルクの風味が入ったりと複層な味わいが㉒。向付は河豚。まずは河豚の煮凝りを入れたポン酢で味わい、次に焼き白子のムースと絡めて食すという提案㉓。椀物は蛤土瓶蒸し。焼物は鰆（さわら）菜種焼き。そして、強肴は柔らかくもジューシーな牛フィレ炭火焼き㉔。締めは鮭飯㉕。大根、白こんにゃく、生姜のかやくごはんは見た目もお味もよい加減。デザートはチョコレート・ムースにヘーゼルナッツ・ソースを合わせたムース オ ショコラ㉖。伝統の中に、革新性を忍ばせるという難題に挑戦する品々は、驚

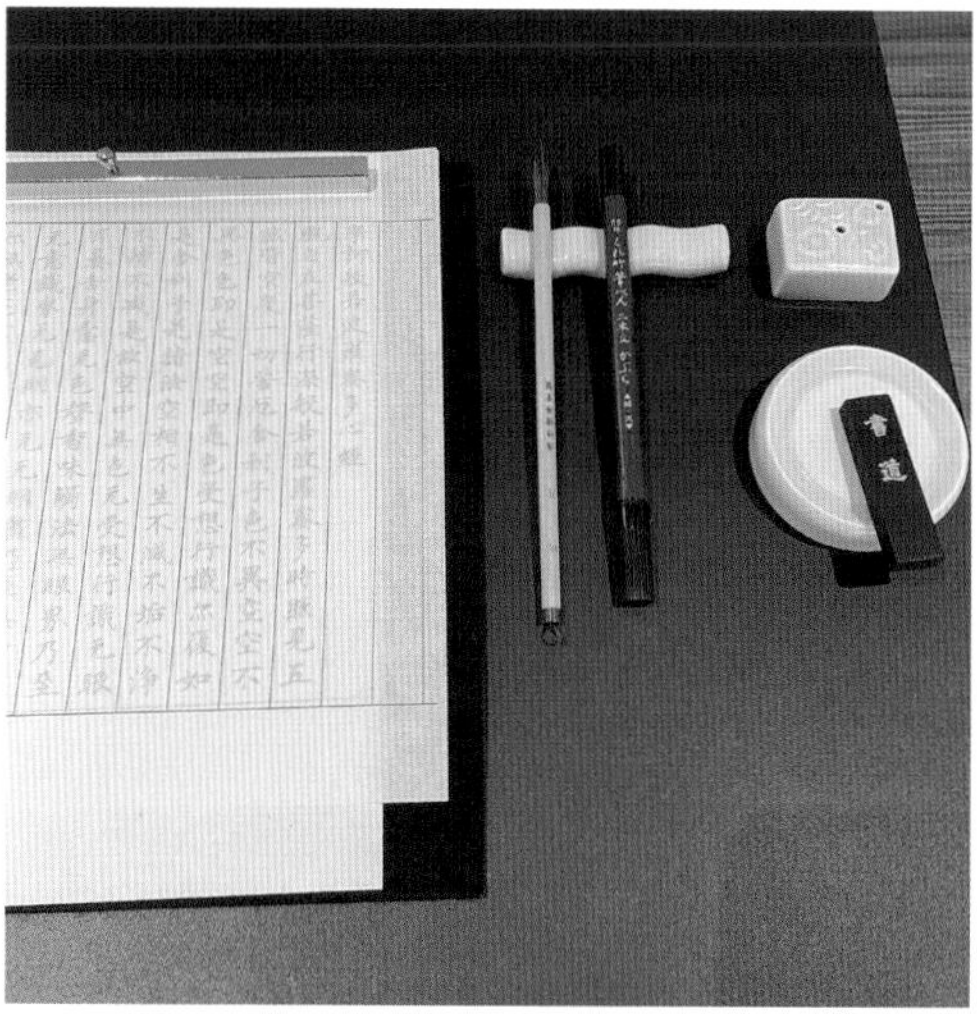

⑬

⑭

⑮

⑯

て、写経に続いて、華道、茶道と並ぶ日本伝統文化の「香道」の１つの聞香を体験⑭。樹齢500年の香木を焚いて、香りを楽しむという、なんとも優雅な楽しみは室町時代から。たくさんのフレーバーの中から、僕的には伽羅が高貴な香りで好み⑮。和み切った後は「ライブラリーラウンジ」へ。スタッフの日本酒ソムリエが目利きした京都の、全国に知られていないこだわりの酒をチョイスしていただけるサーヴィス⑯。当然、「空中茶室」でいただく⑰。自然の音を聴きながら味わうという贅沢さ。ほろ酔い気分で客室に戻り二階の洋室でチル⑱。角部屋ならではの二方面で景色を堪能。檜風呂には金柑とオリジナルの薬湯「時忘湯」が用意⑲。じっくりと温まります。湯からあがるととっぷりと暮れ、また味

⑨

⑩

⑪

⑫

を通って一番奥に位置する、用意いただいた最も広い二階建て客室「月橋」に。まずは一階の和室に。〈星のや京都〉オリジナル「畳ソファ」は正座して低い目線で過ごすのに最適。神代杉、神代松で組まれた背もたれ、肘掛けが美しい⑩。京都で創業1803年の〈亀屋良長〉とコラボしたオリジナル烏羽玉（うばたま）をお茶受けでいただく⑪。カカオ？と思ったら、京都のショコラトリー〈Dari K〉とのコラボ。芸が細かい。二階は洋室。ベッドルームがまた落ち着く⑫。貸し出し備品の写経一式⑬。初めてやってみたら、これが集中してマインドフルネス。そう、全国の〈星野リゾート〉を巡ってきたが、この機会でないと一生できない体験を経験できるアクティヴィティこそが何よりの魅力。今回は抹茶点

⑤

⑥

⑦

⑧

過ごそうというスタイル。それにぴったりなのが、嵐山から大堰川を上って着くというロケーションの〈星のや京都〉。京都から山陰線に乗り継ぎ、嵯峨嵐山駅で下車。徒歩で前ページの渡月橋を渡ったところに、専用の舟待合①がありお茶をいただきしばしチル。上り桟橋には〈星のや京都〉法被を着たスタッフが待ち受け②。ゆったりと船は行き、だんだんと喧騒から離れリラックス・モードに変わっていくのが分かる③。15分ほどで〈星のや京都〉下り桟橋に④。「和室パブリック」での和楽器の演奏がお出迎え⑤。さっそく、「ライブラリーラウンジ」の大堰川に面したせり出された「空中茶室」にて⑥野点籠⑦で抹茶を点てる。なんとも静かで美味しい。一軒家のような客室⑧や、美しい「奥の庭」⑨

①

②

③

④

ハイ・シーズンでない、人が多くなくゆったりと過ごせ、自分と向き合うことがおこないやすいオフ・シーズンの場所を、移動を含めて提案する「大人の男のひとり旅」。が、とても、移動に対して細かい配慮が必要な今の状況。三密にならない、感染リスクを限りなく回避した新しいスタイルを、移動というライフスタイルを提唱するムーヴィリストとして、おこなってみたい。

今回の行き先は京都。京都と言えば、春、夏、そして秋と、それぞれに素敵ですが、唯一のオフ・シーズンとなる冬がまた一興。静けさを感じられるのが好きなのです。で、現在のコロナ禍の状況の中での移動ということで、提案しているのが、移動先をいろいろ巡るのでなく、宿泊先でゆったりとした時間を

Movilist movin' around Kyoto in Winter.

ムーヴィリスト、冬の京都を往く

撮影＆文　山崎二郎